LE FAUCON AFGHAN

OLIVIER WEBER

LE FAUCON AFGHAN

Voyage au pays des talibans

ROBERT LAFFONT

Le Code de la propriété intellectuelle n'autorisant, aux termes de l'article L. 122-5, 2º et 3º a, d'une part, que les « copies ou reproductions strictement réservées à l'usage privé du copiste et non destinées à une utilisation collective » et, d'autre part, que les analyses et les courtes citations dans un but d'exemple et d'illustration, « toute représentation ou reproduction intégrale ou partielle faite sans le consentement de l'auteur ou de ses ayants droit ou ayants cause est illicite » (art. L. 122-4).
Cette représentation ou reproduction, par quelque procédé que ce soit, constituerait donc une contrefaçon sanctionnée par les articles L. 335-2 et suivants du Code de la propriété intellectuelle.

© Éditions Robert Laffont, S.A., Paris, 2001
ISBN : 2-266-12309-2

Quand on franchit le portail de Torkham, au-delà de la passe de Khyber aux murailles ocre, au-delà d'une ligne de chicanes en béton, on discerne une horde de chameaux sur le bas-côté droit, dans un méplat de poussière jaune, à moins que ce ne soit du sable transporté par le vent des montagnes sur les sommets desquelles on peut apercevoir des fortins vieux de l'empire des Indes. Les caravaniers afghans chargent sur leurs bêtes de somme de lourds paquets, des magnétoscopes, des caisses de shampooing, de la pacotille vendue dans les bazars du Pakistan, de Peshawar à Lahore. Sur ce bas-côté, le long duquel déambulent des femmes voilées suivies de près par leur mari ou leur père, sous le regard scrupuleux des talibans, les contrebandiers ne s'embarrassent guère de principes et ne se soucient pas le moins du monde, pour ne pas dire se contrefoutent, de l'interdit religieux concernant les postes de télévision, les magnétoscopes, les appareils de radio.

Pour celui qui n'a pas embarqué à bord d'une voiture enregistrée en Afghanistan, c'est-à-dire non immatriculée, les plaques d'immatriculation semblant ne plus exister sitôt franchi le piteux portail de fer, il convient de passer la frontière de

Torkham à pied, les bagages dans une brouette, devant des douaniers pakistanais perplexes, voire profondément attristés par la quête de l'étranger pour ce pays proche du néant, si loin du leur, reliquat de l'empire des Indes, avec sa bureaucratie, ses coups de tampon, son État qui survit tant bien que mal. Dans sa cahute aux murs jaunes, devant un défilé de camions que des policiers s'efforcent de dépouiller de quelques sacs de farine, un douanier me demande ce que je compte trouver en Afghanistan. Je lui réponds que j'espère repérer les traces du faucon pèlerin, lequel, si la capture continue à ce train, sera bientôt rayé de la carte d'Afghanistan.

Le douanier me scrute avec des yeux ronds et son visage se déride en un étrange rictus, comme s'il devait adopter une attitude de commisération. Puis je me dirige vers les gardes barbus, de l'autre côté du portail de Torkham, cette frontière un peu brutale dont on peut se demander si ce qui survient en face, au-delà de la guérite des talibans affairés autour d'une théière légèrement rouillée, ne constitue pas un no man's land à l'échelle d'un pays, en tout cas un no woman's land, une terre interdite aux femmes, si l'on compte le nombre de représentantes du sexe féminin qui osent encore s'aventurer au-dehors.

Alors que le portefaix qui pousse la brouette s'échine pour une bonne somme à ne pas faire tomber le chargement dont un sac qui porte malencontreusement le nom d'un whisky, Chivas Regal, je dépasse des commerçants enfoncés dans des containers genre SNCF reconvertis en échoppes et qui représentent autant de fours à haute température par une chaleur pareille, malgré le vent des montagnes et l'altitude. Des hommes au visage fermé que rehausse à peine une ligne de khôl déambulent, sous un panneau fraîchement peint d'une main tremblotante et qui trahit un goût étrange et immodéré des maîtres de céans pour l'immolation : « Aux croyants, le pays du sacrifice souhaite un accueil chaleureux. »

T. E. Lawrence, dit Lawrence d'Arabie, séjourna dans ces montagnes en 1928 avec précisément une volonté sacrificielle. Il avait quitté sa garnison de Karachi sous le pseudonyme de « caporal aviateur Shaw », un changement de nom entériné par son notaire, Edward Eliot, afin de fuir un officier qui commençait à lui casser sérieusement les pieds et se réfugier dans un petit fort du Waziristan aux tours acérées et remparts crénelés, avec des mâchicoulis pour les mitrailleuses et les projecteurs, des portails de fer sous des vantaux en arcade, à neuf cents mètres d'altitude, sous une couronne de neige, à la recherche du plus parfait anonymat.

Le fortin de terre séchée se situe non loin de la frontière afghane. Pour les autres officiers et sous-officiers britanniques qui côtoient T. E. Lawrence, le séjour à Miram Shah ressemble à une peine de prison, sans femmes, sans boutiques, sans distractions, hormis la vue sur les collines ocre, quelques parties de tennis et l'écoute de disques sur un gramophone. Pour le caporal Lawrence, de la Royal Air Force, qui s'apprête à fêter ses quarante ans, c'est « comme un coin de paradis ». Il s'arrange pour être nommé secrétaire et taper ses rapports avec la plus grande tranquillité dans sa chambre aux murs de glaise orangée. Le temps se dilue et, au bout de quinze jours, Lawrence croit qu'il séjourne à Miram Shah depuis des lustres, un sentiment idéal pour répondre à son vœu de solitude. Il trouve auprès des Afghans qui entourent le fort une certaine sérénité. « Les gens sont amicaux mais sur leurs gardes : ce qui caractérise aussi notre propre attitude. Une vigilance armée. » Il ne songe plus à écrire des livres, il veut oublier ses fouilles archéologiques, ses campagnes militaires, il fuit les journalistes, à nouveau sur ses basques depuis que la biographie de Robert Graves, *Lawrence et les Arabes*, inonde les vitrines des libraires londoniens. Le caporal Lawrence n'a plus un sou en poche, hormis sa solde. Ses livres se sont pourtant vendus comme des petits pains en Angleterre et aux États-Unis, mais il a dû régler quelques dettes, notamment pour payer l'édition privée des *Sept Piliers de la sagesse*, et a légué le reste à une fondation d'orphelins de la RAF.

En pays rebelle, alors qu'il réécrit les brouillons qu'on lui tend, humble dactylographe qui dédaigne les promotions, pendant que les centaines de soldats indiens de la garnison s'en vont, le cœur joyeux, mater les tribus félonnes, Lawrence d'Arabie, que l'on pourrait nommer à ce moment Lawrence d'Afghanistan, réalise que sa vie prend un autre tour, comme Rimbaud en Abyssinie. « Il est certain, écrit-il dans son taudis, que la course contre la montre est terminée. » Il craint que les *Sept Piliers de la sagesse* n'aient été une orgie exhibitionniste et veut découvrir auprès des terres afghanes un huitième pilier, celui de l'oubli, comme il se doit. Dans une missive, il confie au rédacteur en chef du *Civil and Military Gazette*, ce journal qui compta Rudyard Kipling dans ses rangs : « Voici maintenant de nombreuses années que je n'ai rien fait qui mérite publicité : et j'ai l'intention de faire de mon mieux, désormais, pour n'en point mériter. Elle me contrarie. »

Mais la notoriété ne le laisse pas tranquille. Un soupçon de révolte à Kaboul est la cause d'un nouveau tumulte. Un médecin britannique jure qu'il a aperçu l'insaisissable Lawrence en Afghanistan. La presse aussitôt s'empare de l'affaire. Un Rouletabille du quotidien anglais *Daily News* signale la présence de « l'homme le plus mystérieux de l'empire » dans les parages de la frontière afghane, le *Sunday Express* évoque « une mission secrète afghane de Lawrence d'Arabie », on le rend responsable de tous les complots en Afghanistan, on l'accuse de vouloir renverser le roi Amânoullah, on le soupçonne de manipuler quelques tribus contre d'autres, des militants anticolonialistes se rassemblent à Londres pour brûler son effigie et exiger son départ, la Chambre des lords porte le cas Lawrence à son ordre du jour, tandis que la *Pravda*, à Moscou, commence à se mêler de l'affaire, digne selon elle des plus grandes intrigues impérialistes. Mais le *Leading Air Craftman* (caporal) Lawrence, « le roi non couronné du désert arabe », selon l'expression de l'*Evening News*, ne fomente point de sédition : il s'évertue simplement, aux portes de l'Afghanistan, le pays du sacrifice et de l'oubli, entouré de tribus hostiles qu'au fond il aime bien, à traduire lentement les chants II et III de l'*Odyssée* pour une édition de luxe à paraître chez l'imprimeur d'art Bruce Rogers, traduction qui lui demanda, on le comprend, une abnégation certaine dans sa pièce aux murs de terre, sous les couronnes de neige des montagnes afghanes.

La presse anglaise qui poursuit ses fantasmes sur les complots afghans finit par avoir raison de Lawrence. Il est rapatrié à Karachi, puis en Angleterre, à bord du paquebot à vapeur *S.S. Rajputana*. Suprême vexation, il est interdit d'escale à Port-Saïd et n'a pas le temps de savourer le cadeau pour lequel se sont cotisés ses amis, une superbe motocyclette George Brough SS-100 qui devait bien filer son quatre-vingt-dix kilomètres à l'heure, à condition que le conducteur daigne se pencher en avant. Une embarcation de l'Amirauté se dirige vers le paquebot avant même son accostage à Plymouth et emmène l'encombrant passager vers des docks discrets, à l'abri de la presse massée sur les quais, qui le désigne désormais, à l'instar du *Daily Herald*, comme « le super-espion mondial », alors qu'à la Chambre des communes le député socialiste Ernest Thurtle se fâche contre le gouvernement, l'accusant de mener des missions secrètes en la personne de Lawrence. Celui-ci, depuis qu'il a délaissé les sommets de la frontière afghane, a sombré dans une profonde mélancolie. À Londres, l'état-major britannique lui interdit de se rendre en France et en Italie, on le tance lorsqu'il rencontre, lui, redevenu simple soldat, des personnalités et un ministre italien. Lawrence d'Arabie est triste : l'Afghanistan, ce désert sans renommée, cette autre Arabie, cette terre de toutes les rédemptions, splendide isolement qui efface les moindres traces, l'a abandonné, lui, l'homme des sables, comme un caravanier perdu loin de son point d'eau.

Au coucher du soleil, lorsqu'on laissse derrière soi le portail de Torkham, cette antichambre des talibans rappelant le mot de Soupault qui, en rupture de coteries parisiennes dans les années 1950, s'aventura dans les rues de Djedda, à la recherche du fantôme de Rimbaud : « Femmes musulmanes se promenant dans les rues : zéro ; mouches : cent vingt-cinq millions (chiffre très approximatif) », on entre dans une vallée large que les couleurs du soir enveloppent d'une teinte ténébreuse, telle une brume épaisse. Khalil, le chauffeur qui m'emmène vers Kaboul, était déjà las d'avoir palabré avec les talibans de la frontière. Il s'arrêta pour la prière. Le cœur ne lui en disait pas, mais il voulait faire bonne figure devant les talibans. Il craignait que les hommes de la police religieuse ne le repérassent sur la route. Et là, au bord de la piste défoncée où je fus contraint de camper, face à un flot de camions décorés sur les flancs et aux portières de bois, aux pare-chocs desquels étaient accrochées des tresses métalliques comme autant de colliers argentés, sous la montagne noire qui absorbait les derniers feux du lointain, là précisément, j'aurais donné tout l'or du monde pour une petite faveur, un cadeau qui pourrait paraître infime aux yeux du lecteur et qui tout à coup prenait énormément d'importance : une dernière et bonne cuite.

Il convient d'abord de présenter M. Ismaïl Bazgar. Sans lui, j'aurais eu plus de mal à pénétrer l'Afghanistan et encore plus à en ressortir. Il m'aura épargné en tout cas des procédures compliquées. En exil à Paris, Ismaïl Bazgar, qui a décidé de rentrer au pays, découvre l'Afghanistan avec des yeux aussi exorbités que les miens. Il a confié à une employée sa boutique peu lucrative de bibelots près du Quartier latin afin de célébrer les funérailles de son père, mort trois mois plus tôt. C'est un homme porté sur les armes qui a ferraillé dix-sept ans durant contre les Soviétiques, puis contre les islamistes, avant de se rallier aux talibans, tout en gardant ses distances et son esprit critique, en dépit, ou à cause de son passé d'intellectuel, comme il tient à le souligner dans la jeep qui nous emmène vers Kaboul, pedigree qui se résume à un cursus au lycée français Istiqlal jusqu'à l'âge de dix-huit ans, un âge suffisamment honnête en Afghanistan pour prendre les armes, voire le pouvoir, comme le firent quelques adolescents au cours des siècles passés, dont certains se sont cassé les dents en oubliant de ménager les ancêtres.

Dans la boutique du Ve arrondissement, aux abords de l'église Saint-Nicolas-du-Chardonnet, bastion de l'intégrisme catholique, ce qui était de bon augure pour se rendre au pays des talibans, j'avais demandé à Ismaïl Bazgar s'il connaissait les faucons afghans. Il s'était empressé de me décrire, entre deux tasses de thé à la cardamome, la capture de la bestiole, capture destinée à enrichir quelques chefs talibans et intermédiaires bien introduits, puisque les volatiles, du type *Falco peregrinus*, étaient revendus une fortune dans les pays d'Arabie à des cheikhs férus de chasse, qui employaient les rapaces à attraper quelque gibier. Combien le faucon ? demandai-je à l'ancien commandant de la résistance afghane. Jusqu'à deux cent mille dollars, et même cinq cent mille pour les meilleurs, avait-il répondu, somme qui représente beaucoup de gibier, même au prix du kilo en Arabie saoudite.

Quand le voyageur parvient à atteindre Kaboul par chance, ou par malchance, après avoir dépassé le bourg de Landi Kotal, repaire de contrebandiers au regard en coin, pressés d'en découdre, après d'innombrables tractations avec des combattants talibans sitôt le soir tombé, après avoir évité les fondrières, les accidents de camion, les chauffards qui semblent la plupart du temps ivres, impression pour le moins étrange dans un pays où l'alcool est banni, à moins qu'ils ne soient ivres de fatigue, ou probablement de chanvre, après avoir hésité sur la route à prendre, à droite les champs de pavot (« Quels bouquets, chers pavots, dans les flacons limpides », Desnos), à gauche les camps d'islamistes arabes, au-delà, dans la montagne au nord, les citadelles des anciens Kafirs, les infidèles, le Nouristan, pays de la lumière, conquis par la force au siècle dernier, là où Kipling campa le décor de *L'homme qui voulut être roi*, quand le voyageur entre dans la capitale, si une telle ville en ruine mérite encore le nom de capitale, il doit se rendre au siège de la milice. Deux gardes à la mine patibulaire me scrutent de pied en cap et me demandent ce que je peux bien vouloir chercher en Afghanistan. L'alibi des faucons ne leur paraît guère convaincant. Au mieux je passe pour un hurluberlu, au pis pour un espion, ce qui est nettement plus ennuyeux. Ils finissent par se dérider lorsque je mentionne le nom de Mollah Hassan, important dignitaire du régime taliban, gouverneur de Kandahar, le berceau de la milice religieuse, un homme reconnaissable à mille lieues en raison de son embonpoint et de sa jambe de bois, dont on se demande d'ailleurs comment elle peut supporter tant de poids.

Le meilleur sésame demeure une bonne dose de naïveté. Avoir l'air idiot rassure les interlocuteurs talibans, cela paraît même un gage de bonne santé, et vu les trésors de mimiques que je déploie, mimiques destinées surtout à masquer mon énervement devant tant d'attente, à moins que ce ne soit un penchant naturel, mes chances d'arriver à mes fins, c'est-à-dire de pouvoir dépasser un premier cercle de bureaucrates, augmentent drastiquement.

À la veille du départ, dans la chambre du Regent House, une auberge à la décoration kitsch, une nuée d'insectes semble occuper la moquette poussiéreuse. Quand je réussis à écraser un gigantesque cloporte, une furieuse bataille s'ensuit, celle des fourmis à la curée, et je me prends à imaginer les talibans dévorant une proie dans le jardin fleuri et dûment arrosé du consulat afghan de Peshawar, ce vestibule un peu glauque du néant qui m'attend.

Dans son bureau qui sentait la vieille moquette et les pieds, le nouveau vice-consul, Kari Wali, un homme d'une trentaine d'années qui aimait ménager de longs silences et commandait du thé à son serviteur comme un seigneur féodal, d'un ordre sec sans le regarder, s'escrimait à jouer la duplicité et y parvenait à merveille. Il bredouilla un autre nom en se présentant, se gratta la barbe de ses ongles noirs, regarda le mur fraîchement recrépi et enchaîna une batterie de questions entrecoupées de considérations sur l'ordre des talibans et les décrets religieux. Et lorsqu'il était incapable de comprendre les intentions de son interlocuteur, il se plongeait dans une véritable réflexion, puis lançait :
— Nous ne sommes pas de la même culture.
— Certes, certes, mais le visa ?

Là, il faut reconnaître que le vice-consul s'emmêla un peu les pinceaux en marmonnant que le « feu vert », synonyme dans sa bouche de la bénédiction de ses maîtres mollahs, avait dû se perdre en cours de route, entre les méandres des ministères à Kaboul, les vacances d'un subalterne à l'ambassade des talibans au Pakistan et les démêlés du préposé Farouk avec sa radio dans une cahute jouxtant le consulat tout juste repeint en jaune d'œuf devant lequel l'étudiant en théologie Rostam, enturbanné de noir, assis sur un minuscule tabouret branlant, ce qui s'avérait gênant à l'heure de la sieste, surveillait d'un œil vague les allées et venues des uns et des autres, Rostam, donc, décrochait le téléphone, puis replongeait le nez dans sa lecture des prières tout en chassant les mouches d'un geste distrait. Le feu vert fut magnanimement accordé le lendemain, pardon, pardon, le visa s'était perdu en chemin, vous savez, nous vivons des temps difficiles.

Sur la route défoncée de Kaboul, à la sortie de Djalalabad, dans les gorges s'ouvrant sur un petit lac et dans un décor à la Kiarostami, on trouve des estaminets où l'on peut manger de la truite frite pêchée dans une eau peu ragoûtante. Ismaïl Bazgar, qui s'évertue à retirer les arêtes, songe à ce pays dévasté qu'il redécouvre peu à peu. Les doigts huileux, assis sur une petite terrasse depuis laquelle l'hôte peut jeter les déchets dans le lac et rendre à ces flots boueux ce qui en est sorti, l'ancien seigneur de la guerre devenu commerçant parisien à l'ombre des tours de Notre-Dame se demande dans quel état sera son fief, là-haut, à moins d'une journée de piste de Kaboul.

Le taxi loué à la frontière, une voiture japonaise convoyée on ne sait comment depuis Dubaï par les trafiquants de Djalalabad, est conduit par un homme de trente-six ans, Karim, qui, malgré son respect scrupuleux des haltes à l'heure des prières et une considération soigneuse pour sa pilosité abondante, se fout éperdument des talibans qu'il maudit, ce qui ne l'empêche pas de les saluer avec le sourire. À force de rallier Kaboul depuis la frontière à tombeau ouvert et d'oublier de se dégourdir les jambes, Karim est devenu grassouillet, signe au demeurant que les affaires marchent. Les trois autoradios qu'il a vissés dans le tableau de bord ne lui servent pas à grand-chose, toute possession de cassettes engendrant au mieux une paire de claques de la part des sbires de la police religieuse, au pis une sévère bastonnade, voire un aller simple pour la sinistre prison de Pul-e-Charki, cette bâtisse sombre que l'on aperçoit au loin sur la gauche avant d'arriver à Kaboul. Mais Karim, qui secoue périodiquement la tête pour soulager sa nuque malmenée par les multiples frondrières, confesse qu'il écoute clandestinement la radio dans sa maison de Kaboul et s'attarde sur tout ce que capte son curseur, même s'il ne comprend pas les langues qui surgissent du haut-parleur. En fait, Karim est un fan de Johnny Hallyday, dont il s'évertue à fredonner quelques chansons, sans que je puisse savoir si cette approximation sonore relève de la mauvaise écoute radio ou du cahotement de la Toyota. Je parviens vaguement à reconnaître une chanson d'amour et une autre où il est question de hippies. Si on m'attrape, on me frappe, ah ah ah, mais celui qui trouvera mes cachettes n'est pas encore né, ah ah ah.

Et, de fait, les cassettes de Johnny, Patricia Kaas, Ben Harper et autres démons de l'anti-silence sont si bien cachées que Karim pourrait passer, à défaut d'être un ténor, pour un as de la planque, et, sans livrer ses ultimes secrets, ce qui relèverait d'ailleurs d'un manque évident de pudeur, son astuce consiste à glisser ses trésors bannis au fond d'un coussin ou dans un trou sous le tableau de bord.

Depuis la route chaotique qu'empruntent des camions aux chauffeurs peu réveillés, vu le nombre d'embardées qu'ils rattrapent au dernier moment, on aperçoit des champs verts agités par le vent telle une mer moirée par un friselis erratique, paysage paisible qui tranche avec la nervosité ambiante. Lorsque l'on tend le cou, on se rend compte qu'il s'agit de pavots et que les paysans courbés comme des roseaux triturent en fait des corolles rouges et blanches, sources de « l'extase infinie » (Jules Laforgue), damier magique de la floraison en ces temps de sécheresse, déplorable condition climatique qui fait sourire Karim : l'eau manque, mais ces satanés paysans sont prêts à acheter des bouteilles d'eau minérale au Pakistan pour arroser leurs chers pavots, ah, ah, ah.

Karim s'inquiète davantage de la nuit tombante. Il reste une heure et demie avant le couvre-feu de dix heures imposé par les talibans sur Kaboul, et là Karim encourt la bastonnade, laquelle me concerne également. Affairé à négocier les fondrières et les trous béants dans la chaussée qu'il paraît connaître par cœur, géographie de la désolation qui crée des réflexes pavloviens, une sorte de gymnastique nerveuse en jetant un coup d'œil de temps à autre sur la carcasse d'un char, ces squelettes d'acier qui retracent l'histoire récente de l'Afghanistan, ici une embuscade contre les *Chouravis*, les soldats soviétiques, là une bataille entre modérés et islamistes, plus loin un sérieux accrochage entres les talibans et les troupes de Massoud déboulant des montagnes, Karim parvient à rallier les abords de la capitale avant l'heure du couperet.

À neuf heures du soir, il n'y a plus un chat dans les rues, hormis quelques talibans en turban noir juchés sur de gros 4 × 4 avec un gyrophare et un drapeau blanc, ce mariage de blanc et de noir suffisant à calmer les ardeurs des plus audacieux des Kaboulis.

La maison de Solidarités, une association humanitaire française, est un ancien hôtel calme dans le centre de Kaboul, au bout de la rue des Fleurs qui jouxte la rue des Poulets. Si la première rue mérite son nom pour le seul jardin de Solidarités, oasis de verdure et de petits arbustes, la seconde semble devoir son appellation non aux marchands de volailles qui ont disparu depuis belle lurette, le volatile n'étant plus une affaire rentable depuis ces temps de guerre, mais au nombre de policiers talibans qui rôdent alentour à la recherche des visages imberbes et des récalcitrants à la prière. À défaut de voir des poulets gambader dans les rues de Kaboul, on peut apercevoir le vendredi, avant l'heure de la prière, des piétons franchir une corde posée en travers de la route car il est dit dans la fatwa, le décret religieux, de décembre 1996, soit trois mois après l'entrée des talibans à Kaboul : « Pour obliger les hommes à prier à la mosquée et au bazar : on doit annoncer dans les médias que les prières communes aux heures définies sont partout obligatoires pour tous. Quinze minutes avant ces heures définies, pour empêcher le passage des gens et des voitures, il faut tendre une corde en travers de la rue ou du chemin, et ainsi forcer les gens à s'arrêter et à entrer dans les mosquées. » Le ministre de la Promotion de la vertu et de la Répression du vice prend soin de spécifier que des brigades de contrôleurs seront envoyées aux abords des mosquées et que les oublieux seront emprisonnés dix jours durant. Le ministre semble penser à tout, et, lorsqu'on a affaire à ses sbires, le passant a intérêt à connaître le label de son ministère par cœur et ne pas inverser Promotion de la vertu et Répression du vice, bien que l'on puisse penser souvent que les vices, en tout cas ceux de la production d'opium et du trafic d'héroïne, ont été longtemps promus au rang des vertus au royaume des turbans noirs.

Pour rallier le fief montagneux d'Ismaïl Bazgar, à plus de deux mille cinq cents mètres d'altitude, là où pendant des années il combattit les soldats de l'Armée rouge et la troupe communiste de Kaboul, il faut prendre la route du Sud, celle qui mène vers Kandahar et sur laquelle mon nouveau chauffeur, Abed, un ancien commandant lui aussi, aux gestes racés et au port de tête altier, roule à tombeau ouvert en pestant, sûrement par jalousie, contre les véhicules flambant neufs qui surgissent en sens inverse et leurs conducteurs fous, lesquels, éructe Abed, mériteraient parfois un bon coup de trique, propos qui illustre aussi le désarroi d'un seigneur de guerre en reconversion.

Dans le bourg de Sayed Abad, sitôt passé le poste de contrôle des talibans, lesquels refusent de voir en ma barbe naissante une marque de bonne volonté et me font signe de la laisser pousser davantage, un garçon se promène en dodelinant de la tête. L'inscription en anglais sur son blouson laisse songeur : « Faites l'amour pas la guerre. » Ce qui laisse encore plus songeur, voire suspicieux, c'est la litanie de panneaux qui répètent à l'infini : « Les drogues sont interdites par l'islam. »

Ismaïl Bazgar a retrouvé les siens, soit une foule de notables, des serviteurs, son frère Hafiz qui fut gouverneur de la province et son autre frère Khalil qui dirige une ferme modèle de quatre mille poulets, volatiles qu'il a fallu passer peu à peu à la casserole faute de trouver acheteur sur le marché, conséquence de la faillite de la coopérative qui a sûrement dû susciter de nombreuses indigestions dans les familles des hameaux avoisinants. La tête soigneusement enturbannée, engoncé dans une tunique blanche, Ismaïl Bazgar a vite abandonné tous les symboles de sa vie en France. Assis sur un vaste tapis grenat jeté sur un terre-plein ombragé face à sa grande maison, celle où s'entasse tout le monde, le monde s'entendant au sens mâle du terme, sous les montagnes noir et rouge, il écoute les notables venus palabrer à l'occasion des cérémonies funéraires en l'honneur de son père, palabrer sur les montagnes afghanes, les plateaux de plus en plus désertiques à cause de cette satanée sécheresse, les *chikayas* éternelles entre tribus et les querelles de voisinage que tente de régler le *kareez khan*, le maître des eaux, celui qui a droit de vie et de mort de père en fils puisqu'il est habilité à réguler les eaux de parcelle en parcelle et de village en village, et cela de toute éternité.

Hafiz, le jeune frère d'Ismaïl, est lui aussi un ancien commandant de la résistance, aussi audacieux que roublard, avec des yeux qui roulent sans cesse et l'art de ménager les surprises lorsqu'il parle et lorsqu'il fait la guerre. Il sait combattre furieusement et, comme tout chef de tribu, négocier, surtout avec les talibans. C'est lui qui organisa les premières et seules élections de l'Afghanistan contemporain, et sans doute de toute l'histoire du pays, vu son penchant ancestral pour la royauté et les pouvoirs claniques, élections qui conduisirent Hafiz au poste de gouverneur de la province en 1992. Les talibans le laissèrent sur son trône lorsqu'ils s'emparèrent de la région, puis le destituèrent au bout de quelques mois afin de nommer un homme de confiance, plus enclin à l'obscurantisme. À peine désigné, celui-ci jeta des bâtons dans les roues des quelques volontaires français qui s'activaient dans la région en dépit des combats entre le parti x et le parti y, les fidèles du premier mouvement pouvant se rallier aisément à l'autre, en fonction de quelques attachés-cases bourrés d'afghanis, de dollars ou de roupies pakistanaises, les commandants versatiles s'avouant en la matière prompts à récolter toutes les monnaies, et peut-être même le litas de Lituanie ou le pula du Botswana s'ils eussent été convertibles en afghanis dans le petit bazar de Kaboul qui tient lieu de marché des changes, deux étages sur une cour poussiéreuse avec échoppes et arcades : deux cents agents de criée, des filous qui rôdent, deux douzaines de talibans en armes et sans doute autant en civil.

Hafiz a ferraillé contre les Soviétiques dans ses montagnes dès les premiers jours de l'invasion, en décembre 1979. Il ne supportait plus depuis belle lurette les errances communistes du pouvoir à Kaboul, un petit peu de gloire des peuples par-ci, un petit peu de rectitudes marxistes à la sauce des steppes par-là. Tu te rends compte, tous ces chiens voulaient convertir au communisme les campagnes, uniquement parce qu'ils avaient étudié à Moscou ou Tachkent. Lorsque les communistes prirent le pouvoir par un coup d'État en avril 1978, les campagnes s'étaient déjà rebellées. Les vieilles pétoires circulaient dans les villages, de jeunes paysans firent le coup de main contre les soldats du nouveau régime. Un putsch n'est même pas nécessaire, pensèrent certains séditieux, le régime se délite de lui-même. Divisés en deux factions, les *khalqis* – de *khalq*, peuple – et les *partchamis* – de *partcham*, drapeau –, les partisans s'affrontèrent jusque dans les rues de Kaboul. On ne compta plus les arrestations arbitraires, les liquidations, les actes de torture. Des familles entières disparurent, dont celles d'hommes pieux, respectés pour leur savoir religieux. On exécuta sans répit dans les casernes et à la prison du Khad, les services secrets. Les communistes chiffrèrent eux-mêmes à cinquante mille victimes le bilan de leur révolution. Alors les campagnes s'enflammèrent de plus belle, dont celles de Hafiz, dans les montagnes de l'Orient. Voilà que des athées, hurle-t-on dans les chaumières et les mosquées, s'entendent pour éradiquer les saintes traditions. Le résultat fut inverse pour les révolutionnaires de Kaboul, ceux qui avaient lu d'un peu trop près *Le Capital* en oubliant l'importance de l'opium du peuple : nombre de citadins, des étudiants, des intellectuels, effectuèrent un prompt retour au sacré, ciment de leur révolte, comme les chefs de l'insurrection contre les Anglais un siècle plus tôt.

Lorsque débarquent les premiers soldats soviétiques, Hafiz se réfugie dans ses montagnes froides et impénétrables. Fils d'un grand chef de tribu, notable précoce, il parvient à obtenir de l'aide étrangère pour équiper ses hommes et accueille des équipes d'humanitaires français, gens de Médecins du monde et Médecins sans frontières, qui installent des hôpitaux clandestins dans des masures en altitude, au fond des vallons plus ou moins encaissés. Nuée de fourmis qui sortent surtout la nuit, les combattants de Hafiz descendent dans les plaines afin de porter le fer dans la plaie des Soviétiques, mais le combat est rude, forcément inégal. En contrebas, les soldats de l'Armée rouge se livrent à toutes les exactions, pillent les villages, violent les filles, enferment les villageois dans des canaux d'irrigation qu'ils aspergent d'essence et enflamment aussitôt. La province se dépeuple. Cinq millions d'Afghans empruntent les sentes de l'exil, vers l'Iran et le Pakistan.

Depuis son fief qui devient un symbole de la résistance autant que la vallée du Panchir aux mains du commandant Massoud, Hafiz enrage contre les chefs de l'alliance afghane qui siègent à Peshawar dans le luxe de leurs belles villas et reçoivent les émissaires, prébendiers, bailleurs de fonds des pays arabes sur des canapés moelleux, tandis que meurent les combattants dans la neige et le désert. Ces barbes grises ne lui disent rien qui vaille. Eux veulent s'enrichir et se destinent d'abord à prendre le pouvoir sur le dos des martyrs, lorsque les Soviétiques seront partis et les communistes afghans éliminés.

À Kaboul, les maîtres de la révolution s'empêtrent dans leurs querelles intenses. Ils ne voient pas le soulèvement des campagnes, ils ne comprennent pas que leur radicalisme ne peut qu'engendrer l'hostilité des ancêtres. Les villes jouent contre les campagnes et les villes perdent. La révolte se révèle bien vite un échec.

Le régime communiste ne tient que par la force. Bientôt, les troupes soviétiques sont contraintes de rester dans leurs garnisons et ne sortent qu'au prix de lourdes pertes. Lorsque le dernier soldat soviétique quitte le pays en février 1989, Hafiz, qui a perdu son turban noir au cours d'une mémorable bataille, ne montre pas sa joie. Ses compagnons sont blessés ou portés disparus. La maison de son père, l'antique forteresse des montagnes aux tourelles de glaise, a été détruite par des chapelets de bombes. Des armées d'éclopés hantent les campagnes. Les villages agonisent, les *kareez*, les canaux d'irrigation aux parois défaites, n'abreuvent plus les champs. L'Afghanistan, qui jamais n'a été soumis, n'est plus qu'une lande brûlée.

À peine nommé gouverneur en 1992, Hafiz, élu démocratiquement, s'empresse de prendre des mesures énergiques comme le prélèvement de l'impôt. Il intervient dans une affaire de mœurs entre des Pachtouns et des nomades kuchis après qu'un jeune prétendant eut tiré une rafale de kalachnikov au-dessus de la tente d'une belle errante, provoquant la colère du père de la victime qui demanda non pas une rançon, chose fréquente pour solder les comptes, mais carrément la jeune sœur du tireur. Cette méthode du tireur solitaire se situe à l'opposé, remarquons-le au passage, d'une vieille tradition marocaine, qui veut que ce soit une femme à la recherche d'un époux qui dépose un couteau neuf sur le pas de sa porte, à en croire A. R. de Lens, auteur en 1925 des remarquables *Pratiques des harems marocains*.

Inutile de dire que l'affaire se révèle extrêmement compliquée pour le jeune gouverneur, qui décide, sincèrement embêté, de se déplacer avec une caravane de conseillers et de *qazis*, les juges islamiques, sur les hauts plateaux de sa contrée, à deux mille sept cents mètres d'altitude, le froid n'améliorant pas les intentions d'équité, puis dans les villages pachtouns, où les vieux babas, les ancêtres, s'avouent sacrément tourmentés par l'affaire. Donner une de nos filles, une vierge, à un nomade peu ragoûtant ? Mais vous n'y pensez pas, monsieur le gouverneur ! On aurait encore préféré que tout cela se solde par les armes. C'est exactement ce qu'a dû penser le tireur d'élite, responsable de toutes ces avanies, puisqu'il chercha la provocation et abattit une chèvre devant la maison du gouverneur. Mais, puisqu'il avait été élu de la plus démocratique des manières, celui-ci préféra poursuivre la palabre. Hafiz Bazgar convoqua Sher Khan, un grand chef nomade dont le nom signifie « Tigre-Roi » que le narrateur avait rencontré dans les maquis et qui devint le responsable des camps de combattants arabes dans les montagnes de Khost, ceux-là mêmes qui furent bombardés par les avions américains en août 1998.

Hafiz :

— Résous le problème, tu commences à nous secouer les oreilles !

Tigre-Roi :

— Je suis désolé, je vais tenter de régler ça, ce n'est qu'une question de jours, et tu sais combien le temps est précieux dans ce pays où coule l'eau des torrents depuis les ancêtres de nos ancêtres et où tombent les neiges depuis que Dieu nous a donné cette terre et…

Hafiz, guère impressionné par son interlocuteur, même s'il porte le nom du tigre de Kipling, dans *Le Livre de la jungle* :

— Ta gueule ! Tu gardes ta neige et tes torrents, et tu m'arranges tout ça sur-le-champ ou sinon nous allons en découdre ! Que tes hommes prennent garde à leurs oreilles ! Et maintenant, fous le camp !

Et le grand Tigre-Roi, craignant la vendetta, la vengeance des farouches partisans de Hafiz, l'éternelle guérilla des montagnes, a foutu le camp. Il n'a pas arrangé l'affaire et celle-ci, à force de palabres, de circonlocutions, de cérémonies, a duré huit ans. On proposa encore de l'argent au père de la fille convoitée, qui continua de refuser, non, non, je veux la sœur de ce petit abruti, ce morveux puceau qui tire au-dessus des tentes et qui n'a jamais vu une femme dévoilée de sa vie. L'affaire finit par connaître un épilogue doublement heureux, si on peut dire, dans la mesure où il n'y eut pas de mort : 1) le vieux père nomade épousa la jeune sœur du tireur ; 2) ce dernier épousa la fille convoitée.

En fait, Hafiz ne s'est toujours pas remis de cet arrangement biscornu qui ne fit pas le bonheur de la belle errante. Il avait bataillé ferme pour trouver une issue à l'affaire, il avait renié le langage des armes, relégué au placard l'usage de la vendetta, et tous ces efforts se virent en butte aux incartades d'un vieillard trop attiré par les jeunes filles en fleur. Alors, Hafiz prit une autre décision, tout aussi grave, et se vengea sur les chasseurs : il interdit la capture des faucons, ce qui est, il faut l'avouer, une mesure qui le rend encore plus sympathique, malgré sa propension à fournir des armes aux talibans. Ainsi, dans toute la province, on ne rencontre plus un seul chasseur de faucons, du moins officiellement, et les amateurs de fortune ont dû plier bagage et s'enfuir vers le sud, sous peine de se faire couper la tête et le reste.

Cette disposition fut cependant jugée néfaste par certains Afghans soucieux de la morale. L'art de dresser les rapaces, précisent les fauconniers depuis le Moyen Âge, apprend la vertu. Abel Langelier, éditeur parisien sis au premier pilier de la grande salle du Palais-Royal, publia en l'an 1600 un avis, *À tous amateurs du passe-temps et vertueux*, dans lequel il estimait que, comparés à la chasse à courre, « les fauconniers ne prennent que peu de plaisir à traiter et dresser les oiseaux, à les rendre prêts à voler. À quoi ils sont si affectionnés qu'ils délaissent toutes voluptés déshonnêtes pour y vaquer, à tel point que l'on dit, en guise de proverbe, que jamais bon fauconnier ne fut mal conditionné ». Quelques esprits éclairés dans la contrée du Paktia, redoutant sans doute la venue de maîtres censeurs et centurions de la morale du genre taliban, voulaient justement que les « voluptés déshonnêtes » fussent combattues par le dressage des faucons plutôt que par le dressage des hommes. Les turbans noirs ont balayé leurs derniers espoirs.

En pays pachtoun, c'est-à-dire en fief taliban, prévaut le code de l'honneur, le *pachtounwali*, qui incite les hommes à respecter l'hospitalité, l'honneur, la parole donnée et, en cas de grabuge, la vendetta. Lorsqu'un clan voit l'un des siens offenser un autre clan pachtoun, il est lié à celui-ci par une dette de sang, de sorte que la famille coupable doit réparer bien vite l'affront, ou alors s'exposer, parfois pour des générations, au cycle des représailles dans des montagnes qui ignorent l'oubli. La loi du talion, qui s'applique pour des crimes de sang, peut cependant être annulée avec le paiement d'une forte somme, ou l'achat d'une femme, et c'est précisément ce que s'efforce de m'expliquer Karim, qui, devant un plat de riz, les mains affairées à décortiquer un morceau de viande baignant dans l'huile, face à la montagne noire plus impressionnante encore le soir, estime que les femmes permettent au moins d'atténuer la vengeance. Sur ses doigts graisseux, il essaie de recomposer l'équation du don féminin de soi, un crime égale une femme, parfois deux, un crime grave, dont le règlement a tendance à traîner un peu, peut valoir trois femmes, des jeunes, vierges évidemment, etc., équations qui le mettent dans une joie soudaine, comme si tout cela, la vendetta, la vente des femmes et des filles à peine pubères, était chose normale, précisant toutefois que ces tractations parviennent de temps à autre à susciter des mariages heureux, mais que souvent les filles sont perdues à jamais, emmenées dans les montagnes pour subir le sort des recluses pour l'éternité. Ce qui complique un peu les choses, c'est lorsqu'une fille est enlevée avant même le règlement d'un crime de sang, le rapt engendrant alors un autre rapt, et ainsi de suite, jusqu'à ce que les deux clans en conflit arrivent à s'entendre sur le prix des femmes, l'art du rebondissement, que les Occidentaux ont mis des siècles à percer, étant une vertu typiquement pachtoun. On imagine aisément ce qu'un *Enlèvement au sérail* aurait pu causer comme dégats par ici.

Tout cela, il faut bien le reconnaître, donne beaucoup de fil à retordre aux *qazis*, les juges des talibans, car, avant la charia, la loi islamique, les Pachtouns reconnaissent d'abord le code de l'honneur, à côté duquel les rites corses sont une plaisanterie. À peine les talibans ont-ils le dos tourné que les vendettas reprennent, quelques coups de fusil par-ci, un coup de poignard par-là, avec des tribus qui s'illustrent particulièrement dans ce tableau de chasse à l'homme, n'en citons aucune afin de ne pas froisser les susceptibilités et ne pas déclencher pour deux lignes une nouvelle et interminable période de représailles féroces.

En 1897, un officier subalterne de l'empire des Indes, 4e régiment de hussards, du nom de Winston Churchill, demande l'autorisation au général Blood de l'accompagner comme correspondant à la frontière afghane afin de voir comment la dernière révolte sera matée. Le jeune Winston Churchill, qui ne fumait pas encore le cigare, monte dans le train en gare de Bangalore en août 1897 pour se rendre à Nowshera et rejoint à cheval les trois brigades chargées de réprimer les félons. Quand il parvient en pays pachtoun, Churchill est frappé par la cruauté des clans. « Les tribus font la guerre aux tribus. Le peuple d'une vallée bataille contre le peuple de la vallée voisine. Aux querelles des communautés s'ajoutent les combats des individus. Les khans assaillent les khans, chacun soutenu par ses partisans. Chaque membre d'une tribu a une dette de sang avec son voisin. Chaque homme est contre l'autre, et tous contre les étrangers. » Ce qui, lorsque le péril vient du dehors, est assez pratique, les tribus s'unissant pour faire face à l'ennemi, l'Anglais, le Russe, l'infidèle. Churchill, qui porte un regard acéré sur les mœurs des Pachtouns, prend soin de relever que « leur système d'éthique, qui considère la trahison et la violence comme des vertus plutôt que comme des vices, a produit un code de l'honneur si étrange et inconsistant qu'il est incompréhensible pour un esprit logique ».

Le général Blood mérite bien son nom – Sang. Ses troupes ne font point de quartier, ce qui n'a pas l'air d'émouvoir le moins du monde le correspondant militaire du *Pioneer*, la gazette de Rudyard Kipling. « Le danger et la difficulté d'attaquer ces fières tribus des collines sont extrêmes, écrit Churchill à sa mère. C'est une guerre sans merci. Ils tuent et mutilent ceux qu'ils attrapent, et nous n'hésitons pas à achever leurs blessés. »

Je dus rentrer à Kaboul pour rendre visite aux talibans, redoutables, qui tiennent le ministère des Affaires étrangères. J'avais enfreint la règle, me déclarer le jour de mon arrivée. Deux ou trois émissaires se présentèrent à moi après une nuit dans l'hôtel – glauque – Continental, perché sur une colline qui délimita longtemps la ligne de front et qui porte encore les stigmates de ce mauvais emplacement, vitres cassées, chambres à moitié dévastées, impacts de roquettes sur la façade. Ce qui n'empêche pas le personnel d'être aimable, personnel qui, soit dit en passant, servit les différents régimes, royaliste, communiste, moudjahid du commandant Massoud, puis taliban, avec une promptitude nonchalante qui en étonna plus d'un à Kaboul. Dans les sous-sols, à la recherche d'un téléphone en état de marche, je tombe sur un préposé, Sardar, qui offre ses services d'interprète. Connaissant les aptitudes de l'hôtel, à la réception du rez-de-chaussée et dans les sous-sols peu éclairés, à favoriser l'éclosion d'une génération de parfaits agents du régime, je refuse poliment. Or quelle n'est pas ma surprise lorsque le lendemain, aux aurores, je découvre le même Sardar au nom prédestiné – il signifie garde en pachto – dans les vastes salons du ministère, le regard ténébreux sous un turban noir, enveloppé dans une grande couverture blanche, s'étonnant de ce que j'arrive une heure après mon départ de l'hôtel. Son supérieur, un gros qui donne des ordres brefs en levant la main, s'avère encore plus sourcilleux, inspectant mon passeport, notant que je ne me suis pas présenté en temps voulu, et tant pis si le ministère était fermé le jeudi soir et le vendredi toute la journée, le règlement est le règlement, vous n'avez qu'à respecter nos conditions. Sardar, qui s'obstine à devenir mon guide, parvient à redresser la situation, notamment lorsque le gros sourcilleux menace de tamponner mon passeport d'un visa de sortie illico. Peu à peu, le chef se détend, parle de la mue du peuple afghan, de tous ces mauvais croyants qu'il fallait bien punir, en attendant sa renaissance, celle de l'homme nouveau, que l'on obtient de deux manières selon le cacique pansu, soit par la trique, soit par les mots d'ordre répétés. Ce en quoi il ne s'éloigne guère des méthodes des fauconniers d'antan, comme l'écrit Jean de Franchières, grand prieur d'Aquitaine, dans un livre intitulé *La Fauconnerie* publié en 1600 : « Si le temps est venu de mettre votre oiseau en mue, faites-le premièrement purger et curer de toutes les mauvaises humeurs et ordures qu'il peut avoir dedans son corps de longue main amassées, à cause des sales et mauvaises chairs. » La purge, à en croire notre homme pansu, sera longue et douloureuse.

Allez, je suis magnanime, moi, le chef de ce bureau, et je vous accorde un laissez-passer mais soyez prudent, bien que la sécurité soit assurée avec nous, les talibans, il y a encore des éléments incontrôlés, des mécréants, des petits bandits, ne vous éloignez pas trop des routes.

Et c'est précisément ce que je compte faire, m'éloigner des routes, fût-ce en compagnie de Zahir, préposé aux comptes de la compagnie aérienne afghane, laquelle ne fonctionne quasiment plus et dont les vols à l'étranger sont suspendus, un taliban qui se révèle être un furieux consommateur de haschich et qui, dès la première bouffée, oublie toutes ses prérogatives, et les femmes de Paris, hein, comment sont-elles ? Il paraît qu'elles sont belles, tu m'invites, hein ? Tu t'arranges pour mon visa comme j'ai fait pour le tien, mais, dis-moi, est-il vrai que les femmes n'obéissent pas à leurs hommes ? J'ai beau lui répondre qu'il est difficile pour un taliban d'obtenir un visa pour Paris, Zahir n'en démord pas, on ne sait jamais, j'ai des appuis, et on fera la fête là-bas, un peu de folie afghane, cela vous remettra les idées en place. Et le narrateur, épuisé par la palabre, les fenêtres de la voiture grandes ouvertes pour éviter l'asphyxie, se demande comment il va pouvoir faire pour se débarrasser de ce taliban fumeur de haschich, tantôt dictateur, tantôt joyeux fêtard, qui s'empresse de sortir de derrière les fagots non pas une bouteille de vin, quoique avec lui on puisse s'attendre à tout, mais une cassette de musique indienne, prohibée par ses maîtres, comme toute musique au demeurant.

Porté sur l'euphorie, jurant qu'il approche chaque jour du paradis grâce à son haschich acheté trois francs les dix grammes, Zahir surprend encore plus lorsqu'il maintient qu'il est un parfait taliban. Tu ne crois pas quand même qu'on va subir tout ce qui est interdit, il faut bien vivre, non ? Et le chauffeur, pauvre hère un peu inquiet, hoche la tête. Quelques jours plus tard, alors que le châssis est complètement fêlé et qu'il s'agit de dénicher d'urgence un soudeur qui nous répare tout ça, le chauffeur avoue qu'il achète clandestinement des bandes vidéo dont les passeurs importent seulement la bande sans la boîte depuis Peshawar, et l'on trouve de tout dans ces officines de Kaboul, des films indiens avec des filles dévêtues et des danseuses cambrées, des films pakistanais avec des acteurs plus portés sur l'alcool que sur les cinq prières du jour, des films américains du dernier cri avec Sylvester Stallone dans le rôle de l'esclave des falaises, ah, ah, dit Zahir, on dirait un taliban à l'assaut, et même des films français avec Alain Delon, personnage un peu rabougri à force de subir de multiples lectures, ce qui tend à prouver, sans doute pour sa vélocité à embrasser les femmes, qu'il demeure très populaire au pays des talibans, en dépit, ou à cause, des interdits qu'il s'agit de transgresser la nuit lorsque dorment les turbans noirs. Si « l'orientalisme est le songe lascif de la réalité » (Tahar Ben Jelloun), le regard de l'Afghan sur l'Occident est un long rêve éveillé.

Quoique le commandant Massoud ne soit pas, c'est le moins que l'on puisse dire, un personnage populaire à Kaboul, accusé d'avoir détruit toute la ville au canon, de l'avoir livrée aux pillards entre 1992 et 1996, amis ou ennemis, aux chercheurs de trésor, aux trafiquants hauts comme trois pommes, aux islamistes qui s'amusaient à déverser des pluies d'obus et de roquettes depuis les montagnes avoisinantes, on rencontre encore quelques sympathisants de sa cause, derrière les murets des petites maisons, à condition que l'on montre patte blanche et que l'on ne soit pas suivi par les sbires des turbans noirs. Ali, qui a des yeux bleus et une barbe courte, dépassant de peu le seuil de l'indécence selon les normes talibans, vit dans l'un des beaux quartiers de Kaboul. Il ne cache pas, lorsqu'il rencontre un étranger, qu'il regrette le commandant Ahmad Chah Massoud, non pour ses talents militaires ou politiques, mais tout simplement parce qu'il est comme lui tadjik, et que les liens entre les hommes en Afghanistan sont d'abord ethniques. Le plus drôle, avoue Ali les Yeux-Bleus, c'est qu'il a beau détester les talibans, il continue non seulement à les supporter tous les jours, mais aussi à œuvrer pour eux puisqu'il émarge dans un ministère afin de percevoir une solde de misère, trente francs par mois, somme qui lui suffit à peine à acheter les rations de pain pour lui et sa petite famille. Ce qui embête Ali, c'est le tort que Massoud a causé à Kaboul, comme si l'illustre commandant avait voulu, par la vieille obsession des prises de capitale, la punir un peu plus, fixer le courroux de l'ennemi sur elle, proie facile, objet de toutes les convoitises mais qui s'avérait trop grande et trop fragile. Malgré tout ce qu'il a vu, les bombardements, la disette, la capitale qui changea de mains comme de turban, Ali les Yeux-Bleus a gardé un sourire attendrissant, voire angélique, et lorsqu'il parle du sort de sa ville, qui n'est guère enviable, son regard s'illumine, oui, on peut tout reconstruire, avec ou sans Massoud, oui, on peut vivre encore dans cette citadelle infernale qui longtemps fut imprenable, la cité des caravaniers, le fief des négociants en indigo, la ville des rois, de leur couronnement et de leur mausolée pendant des siècles et des siècles.

Ali les Yeux-Bleus, en dépit – à moins que ce ne soit à cause – de son regard angélique, ressemble à un espion qui serait descendu de la vallée du Panchir, celle de Massoud, dans laquelle il combat depuis vingt ans, depuis qu'il s'enfuit de l'université pour avoir comploté. Et cette longue vallée, aux roches acérées, aux défilés étroits, Ali les Yeux-Bleus la connaît précisément, ce qui renforce ma suspicion. Il s'y est rendu à plusieurs reprises mais préfère s'abstenir désormais d'y remettre les pieds, car à Kaboul, tu comprends, tout se sait, ces chiens galeux de talibans ont des oreilles partout, et nous, les Afghans, qu'on soit tadjik, pachtoun, hazara, ouzbek, turkmène, musulman ou infidèle, oui, il en reste une poignée, eh bien, nous tous avons une grave maladie, nous n'arrêtons pas de parler, c'est notre remède contre toutes les malédictions qui se sont abattues sur l'Afghanistan, la prolixité nous sauve et nous rend fous aussi, on en rajoute quelquefois, mais qui va chercher à vérifier, plus tu parles et plus tu es écouté, celui qui parle est le maître, celui qui parle est le sage, celui qui parle a droit à tous les égards. Et Ali les Yeux-Bleus, qui décidément est en verve, parle du commandant Massoud, de ses coups de génie, de ses lectures, Napoléon, Guevara, Giap, de son flair dans l'art de la guerre, le goût de l'escarmouche et le talent de l'esquive, comment il a tenu tête aux Soviétiques qui parachutaient leurs troupes en haut du Panchir pendant des années, comment il a lancé ses maigres troupes à l'assaut des convois près du tunnel de Salang, après avoir bâti des maquettes, dessiné des plans la nuit, formé des lieutenants, prié et prié pour que les pertes ne soient pas trop importantes, comment il a vu disparaître ses amis, ses grognards pressés d'en découdre, comment il accueillit à vingt-sept ans, après cinq ans de maquis déjà, les premiers humanitaires, ceux d'Aide médicale internationale, dont une femme, Laurence Laumonier, bonnes âmes perdues dans l'immensité des montagnes et des blessures à panser, à qui il a offert une jeep en pièces détachées en même temps qu'il recevait sa première *dachaka*, mitrailleuse lourde qui lui servit à tirer contre la chasse ennemie.

Lorsqu'il fond sur Kaboul, en 1992, quand tombe le régime de Najibullah, l'ancien protégé des Soviétiques qui finit par se rapprocher de l'islam alors que les remparts de sa forteresse s'effondrent un à un comme ceux de Jéricho, Massoud n'est plus le même homme. Il ne réalise pas combien l'équation afghane est compliquée, et que diriger une capitale s'avère une autre paire de manches que de conduire les maquisards au front. Face aux islamistes, face à tous les paris de guerre civile, face à tous les oiseaux de mauvais augure, faucons ou non, Massoud échoue. Il voit choir sur la ville un déluge de feu et se prend à répliquer au coup par coup. Avant qu'il reparte dans ses montagnes, pourchassé par les religieux en turban noir, Kaboul est déjà détruite, entrelacs de bâtisses en ruine, succession d'échoppes affaissées, escouades d'éclopés, carrefours tenus par des adolescents, cigarette de chanvre indien au bec, qui demandent du feu au passant, puis un bakchich, et le battent lorsque l'écot prélevé se révèle dérisoire.

Quel malheur ! soupire le chauffeur dans la jeep brinquebalante qui escalade les collines de Kaboul. Ils ont interdit la danse, celle qui date d'antan, la danse des *Mille et Une Nuits*, la danse d'Ali Baba et de sa maîtresse Morgane. Et lorsqu'on l'entend soupirer, le pauvre bougre, en l'imaginant rêver à Morgane couverte de sequins d'or, un front de diadèmes, un collier d'ambre jaune autour du cou, une ceinture dorée sur le ventre, des anneaux d'argent sur les chevilles et aux poignets, poignard à manche de jade pour mimer les poses de la bayadère, on pense au tableau de Gustavo Simoni, *Danseuse dans un harem*, à celui de Vincenzo Marinelle, *Danse de l'abeille*, et on se demande ce qui a bien pu piquer les talibans pour interdire cette sagesse ancienne de l'Afghanistan, cet ultime désir des mourants, cette poésie des corps enflammés, amoureux ou mystiques, celle des soufis à l'abandon et tournés vers Dieu, celle des amants qui s'offrent au plaisir, celle des nomades qui oublient la fatigue des corps et transhument lentement vers le paradis, celle des écoliers qui étreignent un futur rêvé. Dans un *ghazal*, un poème sur l'amour courtois, Hafiz recommandait l'enivrement non par le vin, mais par la sarabande :

Dansez, dansez aux chants de Hafiz de Chiraz,
Filles de Cachemire aux yeux noirs,
Belles créatures de Samarcande.

À propos de vin, l'Afghanistan s'en est longtemps accommodé. Les rois de Ghazni en buvaient au début du second millénaire lorsque la ville s'érigeait en rivale de Bagdad, lorsque l'Empire afghan s'étendait de la mer Caspienne à l'Inde. Aujourd'hui, le visiteur peut encore découvrir quelques plants de vigne dans des jardins cachés, derrière de hauts murs, et dégoter au prix d'interminables tractations un peu d'alcool à Kaboul, mais les distillateurs sont devenus extrêmement prudents, en raison des peines encourues, coups de fouet, petites et grandes tortures, balle dans la tête quand les deux premières étapes sont jugées insuffisantes par les sbires du V et V, le Vice et la Vertu, lesquels sbires se montrent extrêmement convaincants dans les ruelles de Ghazni juste avant l'heure de la prière, bâton en main, comment, chien, tu n'es pas déjà à la mosquée, menaçant de relever les noms, engueulant les gamins à la sortie de l'école, apparemment peu pressés de répondre à l'oukase des zélotes et dont certains osent un bras d'honneur en direct des censeurs sitôt qu'ils ont le dos tourné. À regarder ces agents de l'ordre religieux, dont un qui nous ordonne d'aller prier dare-dare, on est forcé de donner raison au pèlerin chinois Hsuan-tsang qui, en l'an 644 après Jésus-Christ, de passage dans la ville de Ghazni, considéra que « les gens sont naturellement légers de cœur et impulsifs ; ils sont prompts à la déception. Ils aiment l'étude et les arts, et montrent une aptitude considérable à prononcer des phrases magiques, mais n'ont aucune bonne intention dans la tête ».

À supporter Zahir, je m'aperçois qu'il a au moins une bonne intention en tête, me faire visiter le tombeau de Mahmud le Ghaznévide, celui-là même qui conduisit le royaume de Ghazni aux portes de la gloire et même de l'océan Indien, en tout cas à celles du pillage des trésors d'Inde, pratique qui connaît une certaine vogue encore aujourd'hui à en juger au nombre d'attaques par des talibans de grand chemin sur la piste qui mène de Kaboul à Kandahar et les vols au musée de la capitale. Quant à l'esclavage, qui contribua à rendre célèbre Massoud (1030-1040), le fils du roi Mahmud, celui qui précisément avouait un certain penchant pour la boisson, sans que l'on puisse y voir une relation de cause à effet, l'esclavage donc connaît avec les talibans un renouveau certain, vu le nombre de jeunes raflés dans les rues, baïonnette dans le dos, pour aller servir sur le front.

Aux portes du mausolée de Mahmud, que nous visitons exactement le jour du 970ᵉ anniversaire de sa mort, survenue un 30 avril, un jour qui n'attire pas foule, visiblement moins en tout cas que la fête du 1ᵉʳ mai dans les rues de Paris, Zahir se gratte la tête et peste contre les civilisations disparues. Et dire que nous avons régné jusqu'à l'Indus et jusqu'à la Caspienne, aujourd'hui qui se souvient encore des Afghans ? soupire-t-il. À fréquenter Zahir, on risque de s'en souvenir longtemps, grâce à ses facéties, ses gestes de lassitude et son empressement à me demander : Bon, alors, le visa pour la France, tu me le donnes quand ?

Zahir est arrivé à Kaboul dans les bagages des talibans, à vingt ans. Il avait combattu quelques années dans les maquis à la frontière, aux alentours du bourg de Torkham que j'avais traversé. Les talibans avaient bien vite compris le double enjeu de l'endroit, qui servait à la fois à contrôler la frontière, à rassurer la population, lasse des rackets, et à imposer leur propre écot, bien moindre que les impositions d'avant, lorsqu'il fallait débourser vingt fois sur la route de Kaboul, pour chaque parti, chaque commandant, chaque roitelet. Zahir avait traîné ses guêtres dans une école coranique du Pakistan et au Cachemire avant de rejoindre le mouvement des moines-soldats, qui se répandaient dans tout le sud de l'Afghanistan depuis la ville de Kandahar, leur berceau. Zahir, comme de nombreux étudiants en théologie, était attiré par le concept de pureté brandi par les gens de Kandahar dans cet océan de prébendes, de corruption, de trafics. Jamais il n'aurait songé alors que les talibans eux-mêmes allaient succomber à ce caprice de nantis, selon le principe d'Alain : « Le pouvoir rend fou, le pouvoir absolu rend absolument fou. » Ce qui rendait encore plus fou ce nouveau pouvoir, c'était qu'il portait à son

47

paroxysme, si l'on peut dire, le désir d'absolutisme, exprimé dans la pureté. Puisque les talibans représentaient la pureté, rien que la pureté, toutes leurs paroles étaient saintes, ne souffrant aucune contestation. Le fait que les hommes, les dirigeants, s'effaçaient derrière l'image du mouvement ne pouvait que renforcer leur légitimité, balayant toute critique, à l'instar du mouvement des Khmers rouges au Cambodge, abrités derrière l'Angkar, l'Organisation, lorsqu'ils conquirent Phnom Penh en avril 1975, mouvement avec lequel les talibans auraient partagé le goût pour l'uniforme noir.

Pressé d'être l'un de ces hommes nouveaux, Zahir s'est engagé corps et âme dans le mouvement des talibans, en observant ses règles sévères, cours coraniques le matin, entraînement militaire l'après-midi, repas spartiate le soir, point de relations sexuelles, pas de convoitises, plus de regard pour les femmes, même pas un sourcil levé, une attirance, un clin d'œil, un trouble de paupières, autant de rudesses infligées à lui-même et qu'il semble avoir trop lourdement portées au point de laisser traîner désormais ses yeux sur les moindres rondeurs féminines, même dûment enveloppées dans une bastille de tissu, comme pour se rattraper de tous ces émois perdus, ces troubles trop longtemps méconnus, ces envies de démon qu'il croyait pour toujours cadenassées.

En septembre 1996, les acolytes de Zahir sont aux portes de Kaboul. Les Afghans en ont assez des mauvaises engeances des moudjahidine, de ces racketteurs en culottes courtes, de ces commandants qui se servent dans la caisse du peuple et imposent leur diktat au quidam. Alors, devant la marée humaine des turbans noirs, les Kaboulis ouvrent les portes de la cité. Venez imposer votre rigueur et votre pureté ! clament-ils. Avec pour seuls bagages le Coran, un fusil-mitrailleur et un *patou*, la couverture de laine blanche des paysans, Zahir est accueilli comme un héros dans la capitale. Ville impie ! Lui et les siens jurent de châtier cette maudite Babylone. On impose la barbe aux hommes, on interdit le travail aux femmes, fussent-elles veuves de guerre et avec d'innombrables bouches à nourrir, on bannit les plaisirs, les jeux, les loisirs, la danse, la musique. Les talibans ne peuvent encore contempler les âmes, mais ils entendent y parvenir par le dressage des corps, les anathèmes, les multiples tabous.

Peu à peu émerge un homme d'une trentaine d'années, Mollah Omar. Il est borgne et ne voit plus grand-chose de son œil valide. On le dit ombrageux, casanier, porté sur la polygamie. Il a longtemps combattu les soldats soviétiques depuis sa mosquée de Singesar, dans la campagne de Kandahar, où fleurissent désormais, à quelques pas de sa demeure, les luxuriants champs de pavot. Les assemblées que le calife préside tiennent autant du conseil de guerre que de la palabre mafieuse. Le mollah, qui n'aperçoit de son œil qu'une moitié du pays, forcément celle des hommes, a oublié toute œuvre de développement et les seuls projets auxquels il tienne sont les royalties du trafic de l'opium, même s'il déclare le bannissement de toutes les drogues de son royaume, vœu pieux maintenant que les arrière-boutiques ont fait le plein, avec des caches à opium vastes comme des promesses d'Eldorado, les laboratoires d'héroïne, des escouades de trafiquants et leurs trésors d'Ali Baba. Lorsque le mollah borgne s'intéresse à une vallée, c'est pour implanter des combattants, et les émissaires de l'émir suprême, calife d'entre les califes, s'y aventurent avec des valises emplies de billets, combien pour ton revirement ? demande-t-on au seigneur du cru. Et le seigneur du cru fait monter les enchères, et le seigneur du cru monnaie sa nouvelle allégeance, quitte à retourner sa veste quelques mois plus tard, stratégie sonnante et trébuchante qui relègue le dogme islamiste à l'arrière-plan et révèle que les convictions des chefs de guerre afghans sont avant tout monnayables.

Pour ses palabres sur canapé où les décisions sont prises d'avance, le très haut commandant, le dirigeant bien-aimé, le grand meneur de la troupe des turbans sombres, s'entoure d'autres mollahs, peu portés sur les affaires politiques et qui préfèrent diriger le royaume de l'insolence comme on conduit une mosquée ou une vallée. L'État taliban n'apparaît pas, seules émergent quelques bribes de mouvements anarchiques, aux innombrables querelles, aux discussions ténébreuses et longues telles les barbes du dogme imposé. Les ministres cachent leur analphabétisme derrière des effets de manche et aiment mieux le combat et la palabre que les affaires nationales.

La pureté taliban en ce sens est kantienne, dénuée de toute expérience. Elle renvoie dos à dos obscurantistes et visionnaires éclairés de l'islam, et la victoire des messagers de la pureté illustre la « prélogique » de Lévy-Bruhl, mentalité primitive souvent mystique qui ne souffre pas l'esprit de contradiction et annihile tout sentiment d'élévation. Mais ne nous égarons pas. Zahir, qui commence à déchanter, n'en demandait pas tant. Il se remémore les poètes arabes qu'il a appris, désormais coupables de tous les vices. « Pour nous, l'échancrure de sa robe est hospitalière, et sa peau nue s'offre aux attouchements des buveurs », psalmodiait Tarafa, au VIe siècle. « Œillade d'une fille adressée au client qui recherche l'amour, le suprême désir de l'amant ! » s'exclamait au IXe siècle Abu Nuwas, poète du désir. Plus jamais Zahir ne pourra séduire, esthète perdu dans l'immensité des ignorances sentimentales, tel Søren Kierkegaard qui parfois *imaginait* ses relations avec Regina dans *Le Journal d'un séducteur*, en se contentant souvent d'un simple regard comme gage de sensualisme. Inquiet, Zahir, lui, ne peut s'en contenter. Søren, ne vois-tu rien venir ? Zahir s'aperçoit que peu à peu disparaît le sourire des jeunes filles derrière les voiles de coton, ces barrières infranchissables, il voit le rêve de la séduction plonger dans les affres de la séparation des corps, de l'apartheid des œillades. En cela, Zahir donne une nouvelle dimension à la douleur kierkegaardienne, héritée du conflit entre religion et esthétisme. La souffrance de l'Afghan, c'est la victoire du fanatisme sur le charme. Les tentations affectives ont plongé dans les puits de l'oubli, comme l'enchantement de l'inconnu s'est perdu dans la mare du dogme, celui de la pureté. L'amour en pays taliban est banni, et les amants sont massacrés.

Autant le dire tout de suite, le Continental de Kaboul est digne de figurer en tête de liste des hôtels les plus tristes au monde, malgré sa vue sur les montagnes de quatre mille mètres et les quartiers de Kaboul à ses pieds qui apparaissent embrumés au petit matin, dans un halo d'humidité et de poussière, lorsque les muezzins appellent à la prière (et quand les miliciens du Vice et de la Vertu déjà agitent leurs lanières de cuir pour rameuter les fidèles). Dans la salle de restaurant aux néons qui clignotent, servis par une nuée de garçons qui ont dû émarger à tous les services de renseignements de l'Afghanistan, et ils furent nombreux, on peut admirer la dernière trouvaille des nouveaux maîtres afghans, effacer toutes les traces de portrait humain. Sur un bas-relief qui tente d'imiter avec un sens de l'humilité apparemment non feinte les fresques de Persépolis, les têtes et les corps ont été descellés à coups de burin, tandis que les tableaux représentant des effigies ont été sagement rangés dans un lieu tenu secret, à moins qu'ils n'aient été simplement brûlés.

La visite de la Galerie nationale, un petit bâtiment rose qui a été bombardé au canon à plusieurs reprises et a rouvert depuis un mois, se révèle à cet égard particulièrement intéressante. Après avoir bu un thé avec le directeur Sadik Sahi, lequel semble trouver le temps long étant donné l'absence de visiteurs, on se dirige à l'étage pour contempler la collection de cent peintures afghanes dont beaucoup inspirées de l'impressionnisme et qui figurent aussi bien des parties de chasse au siècle dernier que des vues de la tour Eiffel et divers paysages européens. Toutes ont un point commun : les visages ont été soigneusement effacés, voire repeints, si bien que sur la centaine de tableaux on ne peut distinguer aucun personnage, tout cela constituant une prouesse sûrement inégalée au monde. Ce qui n'empêche pas le directeur de pester contre les voleurs de musées, ceux qui ont dérobé une trentaine de croûtes pendant la guerre, « les meilleurs tableaux », dit-il en souriant, sans que l'on puisse savoir si les meilleurs comprenaient ou non des visages, des corps de jolies femmes et autres tabous, à moins que les voleurs n'aient été de mèche avec quelques connaisseurs pour planquer les œuvres d'art dans un lieu sûr jusqu'au jour où les talibans prendront la poudre d'escampette, avec sans doute quelques croûtes sous le bras, sait-on jamais, ces choses-là aussi savent se monnayer.

À l'hôtel Continental, outre les indicateurs-serveurs et les réceptionnistes-agents, on distingue une troisième catégorie de personnages, non pas les clients, espèce en voie de disparition programmée, mais les visiteurs officiels, ceux qui défilent dans les couloirs sombres en évitant soigneusement de prendre l'ascenseur en raison des pannes d'électricité, et suivis par une kyrielle d'aides de camp, les uns se caressant la barbe pour montrer leur degré d'observance du rituel taliban, les autres se prenant les pieds dans leur tunique afghane que visiblement ils n'ont pas l'habitude de revêtir, tant et si bien que les aréopages dessinent une singulière cour qui monte et descend les escaliers, souvent dans le noir le plus total, avec des étoffes qui ont l'air de flotter dans le temps suspendu de cette auberge aux peintures mutilées. On peut ainsi croiser un ennemi des talibans venu négocier un ralliement dûment marchandé, un ami des talibans qui avoue sa faiblesse pour une offre concurrente, un royaliste qui cherche à sonder les mollahs sur une alliance avec le souverain déchu, Zaher Chah, en séjour à Rome depuis qu'il commit la faute de prendre les eaux, en 1973, dans la capitale italienne, sous-estimant les visées de son gendre et cousin, ah, le traître, lequel fut expédié ad patres cinq ans plus tard par un autre traître, ce dernier subissant le même sort quelques mois plus tard, etc., cycle infernal de la trahison afghane qui fait que l'on se méfie de son plus proche voisin, moi-même n'étant pas très sûr de mon voisin à la réception, succursale de l'agence des services secrets, voisin qui semble lorgner mes poches. On peut aussi croiser divers émissaires islamistes, tel l'envoyé du chef de guerre tchétchène Chamil Bassaïev quelques semaines avant le nettoyage russe de Grozny, des marchands d'armes impénitents qui attendent un avion, ainsi que des négociants en tous genres prêts à vendre n'importe quoi aux talibans, y compris leur âme.

Mais le Continental conserve deux tabernacles, deux lieux qui laissent penser que la censure taliban n'a pas été assez sévère. D'abord, la librairie où abondent certes les livres sur l'islamisme radical et d'où sont bannis tous ouvrages jugés contraires aux canons en vigueur, tous sauf un, une brochure qui date du temps des Soviétiques et que l'on feuillette fébrilement, après un mois de séjour chez les talibans, brochure qui décrit les charmes de l'hôtel, en particulier ceux de la piscine que hantèrent, selon la photo un peu pâlie, maintes hôtesses cubaines, européennes et russes, en tenue légère, maillots deux pièces, uniforme qui paraît être à la propagande de l'Intourist russe ce que le tchador est aux talibans. Pour un peu, on regretterait tout, le passé de l'hôtel et celui du pays, vu les riches heures que dut vivre l'endroit, lequel a gardé son côté glauque comme les hôtels russes entre Moscou et la mer Noire via Voronej, mais avec un grand inconvénient, la vodka en moins.

Le second lieu se découvre dans les sous-sols, encore plus tristes que le rez-de-chaussée, sauf lorsque l'on pousse une porte pour aboutir dans une salle de musculation. Les clients, dont Zahir qui passe son temps à s'escrimer sur des barres de fonte, y sont exclusivement des talibans, ou des demi-talibans, dans la mesure où leurs convictions a priori fortement ancrées s'effilochent dès qu'ils parlent de champions et championnes de body-building, notamment des Américaines dont ils conservent des photos cachées au fond de leur sac, photos qu'ils vous montrent non dans l'enceinte de l'hôtel, mais dans un deuxième club, en plein centre-ville, havre de moiteur et de sueur qui n'est fréquenté par les vrais talibans, les durs, les anti-images, les anti-femmes américaines et non améri-caines d'ailleurs, que tôt le matin, ce qui laisse tout de même la journée entière pour s'essouffler devant quelques clichés repliés au creux de la main ou enfouis au fond des survêtements, clichés de déesses musclées à propos desquelles on pourrait suggérer aux talibans la dispense du tchador – *burqa*, en langue locale –, étant donné le peu de formes féminines qu'il leur reste après tant d'abnégation face aux haltères.

Lorsqu'il rendit visite à la cour du roi de Kaboul, en 1809, à la tête d'une mission britannique longue de trois kilomètres et des poussières, beaucoup de poussières, escorté par le second bataillon du 6e régiment d'infanterie du Bengale, Mountstuart Elphinstore s'intéressa de près aux oiseaux afghans. Il s'intéressa aussi aux visées des Français, qui, depuis l'ambassade de Perse conduite par le général Gardanne, lequel avait toute la confiance de Napoléon, commençaient à agiter le spectre d'une guerre en Asie centrale. Cependant, Mountstuart Elphinstone ne s'écarta pas de ses visées initiales. L'un des premiers personnages qu'il rencontra en chemin, à l'entrée d'un village fortifié, fut un *sirdar*, un chef de la tribu des Shekhawuts, un homme bourré d'opium, la barbe soigneusement tressée en direction des oreilles. L'homme était très attaché aux Britanniques, jugea Elphinstone, tout en estimant que cette soumission devait autant à l'amour de l'Empire britannique qu'au penchant du cacique pour l'opium et le brandy. Elphinstone fut frappé par l'anarchie régnant en Afghanistan. « Si un homme pouvait être acheminé d'Angleterre dans le pays afghan [...], il remarquerait l'absence de cours régulières de justice, et de quoi que ce soit ressemblant à une police organisée. Il serait surpris par la fluctuation et l'instabilité des institutions civiles. Il aurait du mal à comprendre comment une nation peut subsister dans un tel désordre, et aurait pitié pour ceux qui doivent passer le restant de leurs jours sur une telle scène, et dont les esprits sont habitués par leur situation malheureuse à la fraude et à la violence, à la rapine, la déception, la vengeance. Pourtant, c'est à peine s'il pourrait difficilement manquer leur esprit martial et orgueilleux, leur hospitalité, et leurs manières courageuses et simples, à distance égale de la complaisance d'un citoyen et de la rusticité balourde d'un clown ; et il découvrirait probablement, avant longtemps, entre autant de qualités qui exciteraient son dégoût, les rudiments de nombreuses vertus. » Toutes choses auxquelles, deux siècles plus tard, le voyageur est confronté, notamment la vengeance et l'hospitalité, sans que cela soit contradictoire, à moins qu'il ne reçoive derechef un coup de trique dans les côtes par un mollah chargé de la Vertu ou, avec un peu moins de chance, un coup de couteau entre les omoplates.

Elphinstone poursuivit sa route, perdit quelques hommes, un peu d'embonpoint aussi, notamment dans la fournaise de Djalalabad, ainsi que quelques illusions, particulièrement en ce qui concerne les femmes, surtout lorsqu'il apprit que les hommes de la tribu des Yusufzais ne pouvaient voir leur moitié avant que ne fussent achevées les cérémonies de noce. Il releva la présence en Afghanistan de deux ou trois sortes d'aigles et de nombreux faucons : « Le grand oiseau gris, aux ailes courtes, appelé *baz* en persan et *kuzzil* en turc, que je crois être l'autour ; le *shauheen*, à qui on apprend à s'élancer dans les airs au-dessus de la tête du fauconnier, et qui attaque sa proie comme il s'élève ; le *chirk*, dressé pour frapper l'antilope et s'accrocher à sa tête en attendant l'apparition des lévriers ; et plusieurs autres espèces. »

Au milieu de ses hommes, dans le salon de sa vaste demeure qui ouvre sur les montagnes noires, Hafiz Bazgar se gratte la tête. Il sirote un thé vert, croque quelques sucreries roses, consulte deux ou trois conseillers dont son frère Ismaïl, roule des yeux pour mieux réfléchir et acquiescer d'un sourire, gestes qui prouvent qu'il ne se départit que rarement de sa bonne humeur. S'il réfléchit autant, c'est parce qu'il ne sait pas ce qu'il doit léguer aux talibans du coin, qui le pressent de plus en plus d'un geste amical. Il a déjà offert maints présents, des armes, des hommes aussi, cent vingt qui défendent les abords de Kaboul ou ce qu'il en reste, cantonnés dans les ruines du palais royal de Dar Ulaman, sur lesquelles se sont étrangement acharnés les frères ennemis à coups de canons et de mortiers, soldats commandés par Rahmatullah, ancien héros de la résistance contre les Soviétiques passé avec armes et bagages du côté des talibans. Après une longue palabre où il fut question de choses extrêmement importantes comme la hauteur des épis de blé, une querelle concernant l'irrigation d'un champ voisin et le barrage Band-e-Sultan, construit par Mahmud de Ghazni mille ans plus tôt et qui retient ses eaux au printemps pour mieux abreuver, l'été, toute la contrée, Hafiz Bazgar se redresse, roule encore des yeux, sirote un peu plus son thé vert et annonce qu'il a pris sa décision, livrer quatre camions d'armes et de munitions au gouverneur taliban de Ghazni, Dost Mohammad, qui n'attend que ça afin de prouver aux gens de Kaboul qu'il est un bon satrape, lui qui porte le nom d'un fameux roi afghan du siècle dernier.

Pour déterrer les munitions, il faut se rendre dans une vallée de montagne, entre deux falaises aux roches sombres, pénétrer dans un boyau gardé par une guérite creusée dans un promontoire rocheux au travers duquel résonnent longuement les voix, en particulier celle de Hafiz, de plus en plus forte au fur et à mesure que l'on s'élève en altitude, et extirper les caisses d'un caveau aéré par un ingénieux système de ventilation, de quoi approvisionner quelques milliers d'hommes en armes et munitions, qui se rajoutent aux dix mille fusils dont dispose le chef de guerre dans la région, « oui, un petit trésor, de quoi ragaillardir nos talibans », dit Hafiz, qui surveille de près cette exhumation, et on l'imagine, à la tête d'une milice armée qu'il a modestement appelée « les forces de Hafiz », en tractations avec le gouverneur-mollah, allez, monsieur le gouverneur, encore un peu de munitions, reprenez du canon, et voilà une couche de kalachnikov, et quelques mitrailleuses lourdes, si, si, on ne sait jamais, ça peut toujours servir, ah, j'allais oublier, des mines, j'en ai à foison, vous les placez où ça vous chante, attention simplement où vous mettez les pieds, et n'oubliez pas les plans, ah, vous ne savez pas écrire, c'est embêtant, trouvez donc un mollah taliban qui sache lire, je sais, ça ne court pas les rues, le lettré se fait rare avec la guerre entre frères, cette saloperie, on n'a plus le temps de fréquenter l'école.

Gravir les flancs de la montagne de Hafiz n'est pas une sinécure, convenons-en, et je peste à la fois contre l'altitude, l'allure vive de Hafiz qui veut en imposer à ses hommes, et la présence non souhaitée de mines, semées au petit bonheur la chance par ses soldats. « Ne t'inquiète pas, on a les plans ! – Où ça ? » demande le narrateur, suspicieux. « Mais dans la tête, pardi ! » Un certain sentiment m'envahit aussitôt, et je me force à penser que les hommes de Hafiz, surtout les poseurs de mines, doivent avoir une tête bien faite, avec d'innombrables cases, notamment celles par milliers qui ont répertorié la position exacte de ces cailloux de Petit Poucet martiaux. Quand je me retourne à la sortie de la gorge, espérant que les poseurs de mines ne seront pas amnésiques, j'aperçois Hafiz qui désigne la vallée en aval. Une éclaircie illumine le versant au lointain, gorgé d'or, et le visage de Hafiz, qui se découpe sur un tel fond de lumière, encadré par les deux flancs de la première montagne grise, ne peut malgré mes fureurs que susciter la sympathie. Le guide qui nous rejoint et qui crache lui aussi ses poumons peste autant que moi contre ces semeurs de mort, peu préoccupés par le sort de ceux qui s'aventureraient sur leurs traces, ce qui est justement un moyen de ne pas laisser de traces.

Au-delà de la gorge, la vallée s'élargit de quelques mètres. C'est un couloir d'avalanche, et nous apercevons une roche noire sur laquelle a été peinte une inscription en français. C'est ici que périt Christophe Cany, infirmier français de vingt-huit ans, lors d'une coulée de neige, « une chose vraiment bête, dit un combattant de Hafiz, quand on sait les risques que les humanitaires ont pris face aux *Chouravis* (les Russes) et il a fallu que ce soit un peu de neige qui l'emporte ». Et la main d'une amie, « Doktor Sylvie », qui a traversé le défilé pour rechercher le corps gelé avec la compagne de Christophe, « Doktor Isabelle », a écrit au pinceau sur un rocher, juste au-dessus du chemin, comme dans une chanson de Brel : « Six pieds sous neige, vous n'êtes pas mort. » Une autre inscription, sans doute ajoutée par un ami afghan, mentionne : « Camarade spécial ». On ne peut s'empêcher d'être ému par ces mots, tandis que Hafiz se gratte le turban et hausse doucement les sourcils, comme pour signifier que cette mort, vraiment, dans ce décor bleuté, entre ces innombrables mines plantées à l'aveuglette, sous les montagnes ocre et noir, au-dessus de la mêlée des hommes, dans ce boyau qui paraît si protégé, cette mort, telle celle de Jason à Corinthe, tué au retour de ses exploits par la chute de la poupe de son navire, cette mort, vraiment, était idiote.

Les mines, Hafiz en produisait une quantité industrielle. Là-haut, montre-t-il en désignant une falaise bien droite, près du boyau qui résonne, appelé « le Trou des Poules sauvages », à quelques mètres de l'endroit où Bernard, un médecin français, avait demandé de percer des galeries non pour les armes, mais pour installer un hôpital clandestin de Médecins du monde, à trois mille mètres d'altitude, afin d'éviter les attaques de l'Armée rouge, travaux qui furent bien vite interrompus car l'ennemi n'osa plus s'aventurer dans les parages. Au sommet de la falaise, à cinq heures de marche du fief de Hafiz Bazgar, ses hommes fabriquaient des mines avec les moyens du bord, plaques de bois, petites piles, explosifs apportés du Pakistan, et les plaçaient sur les chemins, parfois en se faisant sauter la main, ou eux tout entiers, deux moudj perdus, je les regrette, c'étaient de bons bougres, toujours prêts à partir sur les coins le plus pourris, oui, je les regrette, c'étaient de bons poseurs de mines, même si parfois ils s'emmêlaient un peu les pinceaux. Et là, brusquement, alors qu'il s'évertue en secouant son turban noir à décrire les bienfaits des mines, celles qui tuent, celles qui éclopent, celles qui fauchent les têtes lorsqu'elles sont posées sur des branches d'arbre, et tandis que ses deux gardes commencent à bâiller sous un ciel de plus en plus gris, hormis quelques éclaircies qui tachent de jaune les hauts plateaux au loin, Hafiz Bazgar se met à éructer contre l'Occident, oui, tout ça est leur faute, les talibans n'auraient pas existé sans les Occidentaux, ce sont eux qui ont amené tout le bazar, la guerre, l'opium, les islamistes, les talibans, et même ce sacripant de Bin Laden, ce type qui n'arrête pas de nous créer des ennuis et de nous mettre des poux dans la barbe, comme si on n'en avait pas assez, non de la barbe mais des soucis. Et parce qu'il se met à pleuvoir sur les versants de la gorge, et que de petis rus se forment pour se précipiter vers la vallée gorgés de boue, Hafiz nous recommande de redescendre sur terre, en suivant les pas de l'escorte, ce que je m'empresse de faire, soucieux moi aussi, non pas à cause des ennuis des talibans mais de l'amnésie, celle qui pourrait concerner les semeurs de mines.

L'heure de présenter les cadeaux, le convoi d'armes et de munitions approche, et inutile de dire que Hafiz Bazgar roule des yeux de plus en plus ronds. Escorté par un commandant aux yeux bridés, un Hazara, descendant, dit la légende, de la horde de Gengis Khan qui dévasta tout l'Afghanistan et notamment la province de Ghazni trop insoumise, Hafiz Bazgar déboule de sa montagne pour, au-delà de quelques oasis, des champs bien verts, et après un détour par une piste poussiéreuse, saluer le gouverneur-mollah, qui le reçoit en grande pompe dans sa maison-garnison de deux étages, blanc et bleu. L'œil sombre, en gilet noir et tunique grise, assis sur un canapé un peu crasseux au milieu d'une troupe de lieutenants dont une barbe blanche, face à une porte verte qui grince à chaque entrée comme dans un manoir hanté, Dost Mohammad ajuste son gilet noir et s'efforce de contenir son émotion, ce qui n'est guère facile quand on sait que quatre camions bourrés d'armes et de munitions vont bientôt arriver.

— J'essaie de devenir vieux, lui lance Hafiz, mais je vois que tu obtiens le même résultat que moi, tu oublies d'abandonner ta jeunesse !

Après quelques salamalecs d'usage et paroles de respect pour les familles, les frères, les sœurs, les cousins, les grands-pères et ancêtres lointains, les deux hommes se lancent devant moi dans un conciliabule appuyé, où il est question de sécheresse, de loi coranique, de sécurité, « Ghazni, c'est cent pour cent sûr », et d'amputations, ceci expliquant cela selon les paroles du gouverneur-mollah qu'écoutent religieusement les vieux sages et ses acolytes.

Les yeux de Hafiz Bazgar roulent davantage dans leurs orbites, sans que l'on puisse savoir s'il s'agit d'un mouvement de réprobation ou d'approbation, tandis que le gouverneur-mollah, tourné vers moi, poursuit sa rhétorique, le turban de plus en plus agité, soutenu par ses notables. Oui, oui, j'ai dû amputer, beaucoup de mains et même des jambes, ça empêche les voleurs de courir s'ils recommencent leurs bêtises, mais qui recommencerait avec un membre coupé. Ah, ah, ah, j'ai même fait pendre trois criminels dans la même journée, croyez-moi, cela calme les esprits. Mais, rassurez-vous, on pardonne quelquefois. Un jour, un meurtrier a été capturé et mis dans le stade, et quand le frère de la victime s'est penché sur lui, un fusil à la main, ses proches lui ont dit : « Arrête, il est trop jeune, il a notre pardon », et le frère a accepté. Vous voyez bien que nous ne sommes pas si barbares que ça… Le narrateur sur le coup ne veut pour rien au monde mettre en doute cette affirmation, et il se demande s'il est autorisé à prendre quelques sucreries qui traînent sur le tapis, au risque de se faire couper un doigt, une phalange ou un ongle selon la grosseur du bonbon, ou même à emmener avec lui quelques grains de poussière, tant le délit de vol est exacerbé quand on pénètre dans l'antre d'un chef taliban.

Le gouverneur-mollah se montre cependant extrêmement discret lorsqu'il s'agit d'évoquer la sécurité dans les rues de Ghazni, cette vieille citadelle que longtemps les assaillants n'ont pu conquérir, et contre laquelle s'est frottée l'armée de Gengis Khan.

En 1221, pendant que Gengis Khan marche sur l'est de l'Afghanistan, et alors que vient de mourir le poète Farid al-Din Attar, auteur du *Colloque des oiseaux*, qui montre comment la destinée des faucons et des oiseaux est profondément attachée à celle de l'Afghanistan, un petit roi se rebelle contre cette avancée conquérante, non celle des oiseaux, celle des hommes. Il s'appelle Djalal al-Din et entend ne pas se laisser faire pour finir comme son père, malheureux roi mort en déportation sur une misérable île de la mer Caspienne, dans une forteresse boueuse qui lui donnait des boutons et des rhumatismes, d'autant que, quelques mois plus tôt, la ville de Herat avait été mise à sac par les Mongols après que les assiégés eurent ouvert les portes. Commandés par le fils de Gengis Khan, un peu engourdis par le long siège, les vainqueurs décidèrent de passer par le fil de l'épée les douze mille soldats de la garnison.

On comprend que Djalal al-Din ne soit pas très chaud pour subir les mêmes avanies. Il laisse les ennemis approcher, par les gorges étroites, les défilés dans lesquels seuls deux ou trois soldats peuvent s'aventurer de front, les nids d'aigle où les maisons se confondent avec la roche. Puis il rassemble une armée sur les rives de l'Indus et part se retrancher dans la forteresse de Ghazni avec plus de soixante mille hommes pour attendre les envahisseurs au pied de la redoutable chaîne de montagnes Kuh-e-Baba, le Grand-Père des Montagnes, avec ses sommets à cinq mille mètres et ses cols enneigés. Quand il apprend qu'un hobereau minable ose lui résister, Gengis Khan commence à perdre patience. Il meurt d'envie de couper les oreilles et les abattis de cet outrecuidant. Ses hommes coiffés de casques à protège-nuque sont eux aussi pressés d'en découdre, piqués par les promesses de pillage. Les éclaireurs de Djalal al-Din reviennent alors avec des yeux exorbités et des récits épouvantables : oui, ces barbares détruisent tout sur leur passage, les champs, les villages, les hommes, les femmes…

Nullement inquiet, Djalal al-Din prend les devants. La bataille a lieu dans une grande plaine et dure deux jours. C'est un choc effroyable où la terreur peut se lire sur les visages des deux armées. Pour effrayer davantage les hommes de Djalal al-Din, Gengis Khan ordonne à ses palefreniers de placer des mannequins sur les montures. Devant cette horde de paille, cette armée de cavaliers fantômes droits sur leurs selles comme de mauvais présages, les défenseurs de Ghazni paniquent. C'est la débandade, on court dans tous les sens, on crie pour les siens, on prie pour son propre salut. Mais le roi parvient aux avant-postes et hurle à ses hommes de tenir, il leur commande de se battre jusqu'au bout, à pied, sans les chevaux afin de ne pas les fatiguer. Les assaillants et les fantassins meurent avec de petits cris, comme s'ils arrivaient au bout d'un chemin exténuant, sans issue autre que celle de la mort. Le carnage se poursuit pendant des heures, on coupe des têtes, des mains, des jambes, on crucifie des adversaires sur des portes, on émascule quelques galonnés, et les Mongols, ivres de sang, redoublent d'ardeur devant ces fantassins si fragiles, caparaçonnés en leurs armures. Comme dans une eau-forte de Goya, les visages des deux armées communient dans la souffrance et l'horreur. Le turban flottant dans le vent des plateaux tel un panache, la main sur son sabre qu'il caresse avec avidité, Djalal al-Din observe tout cela de loin, aux côtés de généraux pressés de donner la cavalerie ou de fuir. Patience, patience… En face, les chevaux mongols s'épuisent bien vite, avec des cavaliers sanguinaires, trop sûrs de leur victoire et flottant déjà dans le rêve du tribut, les promesses de pillage. Alors, Djalal al-Din ordonne à ses hommes de monter en selle. L'arrogance est souvent une arme désuète : les chefs mongols ne voient rien venir. Une partie de leur horde est massacrée, l'autre, sous peine d'être encerclée, prend la fuite vers les gorges montagneuses.

    Gengis Khan en est ivre de rage. Cette bataille constitue sa première déroute. Djalal al-Din, ce prince rebelle, doit rendre gorge, au risque de mettre en péril le rêve immense du Grand Émir, porter ses troupes jusqu'en Inde. Encouragés par cette défaite, les félons se font plus nombreux. Les prisonniers mongols en subissent les conséquences : ils sont torturés, leurs oreilles clouées sur des planches, tandis que Djalal al-Din dans son palais se délecte de ces petites souffrances qui permettent à ses hommes de croire en une autre victoire. Il aime les longues plaintes, le cri des prisonniers quand il promène son regard, le soir, vers les montagnes, ce hululement de bêtes sauvages qui court sur les remparts en une litanie d'agonisant. Les râles qui sourdent des geôles infâmes et des épaisses murailles prolongent la voix du muezzin. Lorsque les captifs ne parviennent plus à exprimer un gémissement, on les trucide sur un pal. Les insurrections contre les Mongols se multiplient jusqu'à Herat la soumise, enflammée par l'audace de Djalal al-Din.

Gengis Khan n'entend pas en rester là. Il veut mater ce pays retors, ce fief de l'arrogance. Il somme l'un de ses fidèles lieutenants de rassembler une armée de quatre-vingt mille hommes, accompagnés de cinquante mille supplétifs indigènes raflés dans les campagnes de Khorasan, qui borde l'Afghanistan d'aujourd'hui.

En levant son sabre pour mettre en branle sa troupe impatiente, Gengis se venge d'abord sur Herat qui a osé se révolter. Pendant des mois, les Mongols campent aux abords de la ville, qui se défend avec l'énergie du désespoir, connaissant déjà la sentence pour sa rébellion. Les assiégés mangent tout ce qui leur passe sous la main, quelques oiseaux téméraires qui n'ont pas senti planer l'odeur de mort sur cette cité condamnée, des chevaux faméliques, des ânes, des rats aussi. On martèle les épées sur des enclumes de fortune dans l'attente anxieuse de l'ultime châtiment. Quand le premier rempart tombe, après huit mois de siège, un cri d'effroi parcourt les lignes des défenseurs, un cri de Jugement dernier. Alors, les Mongols se ruent sur les hommes et les femmes assemblés comme dans une étreinte d'éternité, massacrent à tire-larigot, découpent à n'en plus finir, au point qu'un chroniqueur relate que « pas une tête ne fut laissée à son corps, pas un corps ne garda son chef ». Seuls seize citadins réussissent à s'enfuir. Survolés par les vautours, ils errent un bon bout de temps dans la contrée, à moitié fous, des récits d'horreur aux lèvres, avant de revenir s'installer dans les décombres de Herat, qui longtemps demeura un amas de ruines.

À Ghazni, lorsque la nouvelle de la curée de sept jours franchit les murailles, les défenseurs prennent peur et décident de s'enfuir. Ils craignent de subir ce qu'ils ont fait à leurs prisonniers, mille et une tortures raffinées, des petites attentions par-ci, des délicatesses de truand par-là, avec une spécialité, on l'a vu, pour les oreilles clouées aux planches. La fuite est une sage précaution : les généraux de Gengis Khan ont reçu pour ordre de couper tout ce qui dépasse des remparts avant l'arrivée des neiges.

Mais la cruauté n'étant pas une chose facile car toujours à renouveler, comme l'énoncera sept siècles plus tard Merleau-Ponty, Gengis Khan ne peut se contenter de cette proie. Il poursuit de son ire l'arrogant, le délétère, l'impétueux Djalal al-Din, qui maintenant s'aventure sur les rives de l'Indus, à la recherche d'une armée digne de ce nom, loin de Ghazni, dont la population entière subit la mise à mort, sauf les artisans, enchaînés et emmenés en captivité. Gengis Khan, que rien décidément ne parvient à calmer, commande à ses hommes de profaner le tombeau de Mahmud le Ghaznévide, celui qui étendit son empire jusqu'à la Caspienne et jusqu'en Inde. Ses restes sont exhumés et brûlés pour montrer que plus jamais un sultan ne régnera sur l'endroit. Et la ville de Ghazni est rasée, coupable de révolte mais aussi de fortune, riche des pillages décrétés par le sultan de Mahmud en Inde deux cents ans auparavant, de ses palais de notables, des somptueux édifices bâtis par des hordes d'esclaves, de ses fameuses écuries prévues pour héberger mille éléphants.

Où se terre Djalal al-Din ? Afin de prouver à la face de l'humanité que nul ne peut s'opposer au sceptre du Grand Khan, Gengis le suit sans répit et engage des hommes dans les défilés montagneux pour descendre vers l'Inde, malgré les avis contraires de quelques conseillers. Les deux hommes se rencontrent à la tête de leur armée sur la rive droite de l'Indus. Ils commandent eux-mêmes toutes les opérations et se toisent de loin, en un défi de fin du monde. Lorsque Djalal al-Din est en passe de prendre le dessus, Gengis Khan lance ses bataillons d'élite. Pris à revers, Djalal al-Din doit céder du terrain. Quand il apprend que son fils aîné âgé de sept ans est capturé et condamné à mort, il ne lève même pas un sourcil. Dans sa fuite, il ordonnne à sa garde de noyer les siens – sa mère, ses épouses et les concubines du harem, bref, des êtres de pacotille. Puis il se précipite dans les flots de l'Indus avec un cheval épuisé qui tangue à en chavirer, touche l'autre bord et galope à en perdre haleine, abandonnant derrière lui une troupe à l'agonie, tandis que Gengis Khan, enfin vengé, savoure l'accomplissement de sa longue guerre. Elle aura coûté deux ans de sa vie et des milliers d'hommes.

Le gouverneur taliban de Ghazni est en verve et ne se lasse pas de raconter l'histoire de sa ville, la ville qui accueillit le grand poète Ferdowsi, auteur du *Livre des rois*, la perle de la littérature de langue persane, la ville qui étendit son règne jusqu'aux portes du Caucase et qui résista au Grand Khan. Vous comprenez, ça explique nos penchants pour les règlements de comptes mais aussi pour les raffinements. Il ne dit mot cependant du hold-up qui vient d'avoir lieu dans la maison d'une association humanitaire suédoise. À une heure du matin, un commando armé a fait irruption en fracassant la porte, a neutralisé les *tchokidors*, les gardiens, et, après avoir longuement attaqué au burin le coffre-fort, en toute quiétude malgré le fracas du martèlement, sans qu'aucun garde du Vice et de la Vertu ou tout autre corps chargé d'appliquer le canon de la pureté ait pu intervenir, a tranquillement raflé la caisse, soixante-cinq mille dollars, soit à peu près un millier d'années de revenu d'un soldat taliban, quand il a un revenu, confirmant que la bonne ville de Ghazni, au-dessus de laquelle s'évertue à voler une flopée de buses, cultive le goût du pillage. Lorsque le responsable de la mission humanitaire se plaint auprès des chefs de Ghazni du cambriolage, assurément le casse du siècle taliban, on se hâte de lui dire, avec une vigueur suspecte : « Ce ne sont évidemment pas les nôtres. » Ce qui fait pouffer de rire certains talibans, pas mécontents d'avoir soustrait le trésor à ces Scandinaves entêtés qui se forcent à construire des écoles, pour garçons aujourd'hui et pourquoi pas pour filles demain.

Après quelques récits d'exécutions, d'amputations, de divers délits plus ou moins raffinés, je me retrouve dans la grande cour du gouverneur-mollah, lequel vient tout de même de déclarer, à mon grand étonnement : « Finalement, on a fait une sacrée bêtise avec les femmes, on aurait dû les laisser travailler et aller à l'école. » Puis il se reprend, les sourcils en accent circonflexe qui lui donnent des airs de chien battu, ou prochainement battu, conscient d'avoir enfreint la règle de base de tout taliban qui se respecte, surtout lorsque l'on est gouverneur-mollah, et se tourne vers ses hommes. Heureusement, comme une promesse de délivrance, les camions de munitions vont arriver bientôt. Un muezzin annonce l'heure de la prière, et quelques sbires en noir munis de triques et de cravaches rameutent les récalcitrants, les boutiquiers qui tardent à fermer leur porte, les badauds peu enclins à suivre les édits des talibans.

Zahir est de plus en plus excité. Il appuie les dires du gouverneur-mollah en sa présence, puis se hâte de lever les yeux au ciel lorsque les talibans s'éloignent. Alors, les femmes de Paris, elles sont comment ? Questionnement qui devient d'autant plus pressant que Zahir se bourre de haschich, et ce dès neuf heures du matin, excellent pour le moral, lance-t-il toutes les cinq minutes, cela m'aide à supporter ces âneries, et le pays tout entier ne s'en prive pas, hein, Zeitoun – mon surnom, qui signifie Olive en pachto.

Sa promptitude à supporter les talibans provoque quelquefois des situations inouïes en leur présence, l'interlocuteur subissant la même attraction, une sorte d'empathie non désirée. C'est exactement le phénomène auquel succombe l'ingénieur Ahmed Shah, qui étudia cinq ans en Roumanie avant de s'exiler en Allemagne. De retour en Afghanistan, il s'engagea dans le djihad, la guerre sainte, aux côtés d'Ismaïl et de Hafiz Bazgar, qu'il continue de servir, au point de connaître chaque recoin des montagnes, chaque parcelle cultivée de la province.

En dehors de tout taliban dans les parages montagneux, l'ingénieur Ahmed Shah, qui passe son temps à relever un calot blanc pour se gratter le crâne, ce qui a le don de ponctuer sa voix douce au débit chantant, s'évertue à vilipender tout radicalisme, on a perdu une génération et ces imbéciles persistent, bientôt il n'y aura plus rien dans ce pays, que des ruines, et même pire, des ruines de ruines. Il en vient à défendre les Juifs afghans, ces compatriotes qui ont dû fuir vers Israël alors qu'ils pleuraient leur terre natale, c'est un comble. Et, lorsque survient Zahir, l'ingénieur adopte un tout autre discours et il ne se gratte plus la tête, signe apparemment que quelque chose ne va pas. Alors, les deux hommes en rajoutent, et je deviens le trait d'union de leurs palabres de rivaux, tu comprends, Zeitoun, il faut bien couper un petit peu, non pas les blés, mais les mains, les pieds, et Zahir surenchérit, oui, Zeitoun, ce pays est mal tenu, trop de femmes se sont laissées aller, trop de drogue, trop de haschich, et en plus tout cela est votre faute, vous les Occidentaux, vous avez tout fait pourrir, heureusement qu'il y a les talibans pour nettoyer ça, propos énoncés avec véhémence face à Zeitoun et à l'ingénieur Ahmed Shah, mais que Zahir renie dès que les talibans ont disparu de son champ de vision, en une sorte de gymnastique de l'approbation et de la critique qui ne le gêne aucunement.

La conclusion de ce dialogue indirect est telle qu'il suffirait de placer deux non-talibans ensemble pour qu'ils changent d'idée, et ainsi, grâce à la psychose suscitée, les turbans noirs d'Afghanistan sont à peu près assurés de pouvoir engendrer d'autres turbans noirs, jusqu'à l'infini, selon le principe que deux modérés restent modérés lorsqu'ils sont séparés mais, placés ensemble, forment une assemblée radicale, et l'on comprend ainsi pourquoi les nervis du Vice et de la Vertu s'ingénient à pousser en masse les ouailles incertaines vers les lieux de culte.

Lorsqu'il compose à Ghazni *Le Livre des rois* au début du deuxième millénaire, le poète Ferdowsi, qui n'a pas très bon caractère et connaît la portée de son talent, exige du maître des lieux le paiement d'une pièce d'or pour chaque vers composé. Le sultan Mahmud le Ghaznévide, en dépit de sa susceptibilité, les lui accorde dans un élan magnanime. Quand meurt le vizir qui a permis leur rencontre, les deux hommes ne ménagent plus leur orgueil. Ferdowsi proclame qu'il est un génie de la littérature, et que son génie, qui sera loué sept siècles plus tard par Goethe, l'érige en faiseur de roi. Le sultan, lui, n'aime pas du tout ce tapage et rappelle sans cesse que l'épée vaut bien plus que la plume, et il n'est guère besoin de le pousser beaucoup pour qu'il prouve sa bonne volonté de massacreur. Ferdowsi, qui reconnaît le bien-fondé de ce précepte, vu le nombre d'épées qui traînent dans les garnisons du roi, est un peu coincé : il a accepté de ne recevoir son trésor que lorsque sera écrit le dernier vers, ce qui finit par arriver mais à la fin du règne de Mahmud. Le poète réclame son dû, « autant d'or que pouvait en porter un éléphant ». Dans son vieil âge, Mahmud le Ghaznévide consent un forfait et lui alloue soixante mille pièces d'argent, un dixième de la somme promise.

Aussitôt qu'il entend la nouvelle, alors qu'il prend son bain dans un établissement public, le poète entre dans une folle colère qu'il rend publique et qui va éclabousser l'aura de Mahmud, fils d'un ancien esclave, dans tout l'Orient. Ferdowsi se saisit du trésor et lègue vingt mille pièces aux bains publics, puis s'en va dans la rue, hèle un marchand de boissons, lui offre vingt mille autres pièces pour un petit rafraîchissement de rien du tout.

On l'imagine ivre de dépit dans les rues de Ghazni, tiens, marchand, je bois à la santé du roi, et toi, régale-toi aux frais du poète, et toi là-bas, soûle-toi en mémoire du plus illustre des écrivains de tous les temps, qui n'est autre que celui que tu as en face de toi. Dans sa citadelle de roche rouge qui domine la ville, Mahmud a vent de l'affaire. Il rumine, il enrage. Il lui suffirait de remuer le petit doigt pour que roule la tête de cet impertinent scribe, ce génie de la littérature qui n'est après tout que son serf. Ferdowsi le sait, il pressent la fureur royale et, le lendemain, se jette avec son génie aux pieds du sultan afin d'implorer son pardon. L'amertume du poète n'est pas pour autant tarie. Il la laisse s'épancher dans une lettre qu'il adresse au roi, lui annonçant qu'il retire de son livre les louanges en son honneur et que « Ferdowsi de Tus, qui a recherché la compagnie des hommes intègres, n'a pas composé cet ouvrage en l'honneur de Mahmud ». La modestie n'est décidément pas la marque de ce poète, qui déclare : « Lorsqu'il n'y avait pas de Ferdowsi dans ce monde, c'était parce que la fortune du monde était incapable de l'accoucher. » La lettre est aussi un modèle de sous-entendus et de dissimulations, destinés à blesser la fierté du « maître du monde ». Le courroux du roi ne se fait guère attendre : il mande l'outrecuidant poète, lequel, pas fou, a déjà pris la poudre d'escampette, et lance une horde de soldats à ses basques, avec une récompense de cinquante mille dinars à qui rapportera sa tête. Mais Ferdowsi, déguisé, vole déjà de caravansérail en gîte clandestin, conscient que sa fuite grandit sa gloire et sauve accessoirement sa tête. À Bagdad, il ne connaît pas de répit, mal accueilli par le calife de l'endroit, qui redoute la colère de son puissant rival de Ghazni, et repart pour d'autres villes d'Irak. Il trouve refuge dans le Kohistan, où le gouverneur le sermonne, lui offre cent mille pièces d'argent et envoie à Mahmud cent mille autres pièces, d'or comme il se doit, pour calmer sa fureur. Ferdowsi est pardonné, il peut mourir tranquille dans sa ville de Tus, à plus de quatre-vingts ans, alors qu'il entend un enfant chanter deux de ses vers, écrits pour blesser Mahmud tout en nuance :

Si le père du roi avait été un roi,
Son fils aurait mis sur ma tête une couronne d'or.

En fait, si on laisse de côté la division hypothétique entre modérés et radicaux, nationalistes ou internationalistes, et autres considérations hâtives, il existe deux sortes de talibans, ceux qui utilisent les toilettes à la turque et ceux qui aiment mieux les toilettes à l'occidentale. Dans de nombreuses demeures de hiérarques, les vespasiennes d'origine européenne ont été conservées, signe que certains mollahs préfèrent encore la posture des impies, avec accessoirement usage de papier-toilette, ce qui ne signifie pas forcément une concession, mais trahit plutôt un certain sens du confort, voire un séjour à l'étranger. La présence de toilettes à la turque relève souvent d'une volonté de vivre dans les temps anciens, comme les salafites, les partisans de la tradition, qui ne tolèrent pas la présence d'un ventilateur ou d'une bouteille de Coca-Cola dans leur tanière. Cependant, il y a un pont, si l'on peut dire, entre les deux catégories. Il s'agit d'un échafaudage de bois installé au-dessus des toilettes à l'occidentale, qui transforme l'endroit en lieu d'aisances à la turque, sans abîmer pour autant l'architecture ancienne, céramique de Chine ou du Pakistan, de telle sorte que le visiteur puisse profiter des deux étiquettes, sans être forcé à se définir sur ses choix les plus intimes. On trouve ces cabinets de bons offices dans quelques palais de gouverneurs plus ou moins conscients de jouer les missi dominici entre deux mondes et dans le vieux bâtiment du ministère des Affaires étrangères, sis dans l'ancien palais royal, devenu l'hôtel du chef de gouvernement taliban, disposition qui traduit l'embarras de ce dernier à trancher dans le vif en ce qui concerne cette épineuse question. S'il est parfois difficile, comme le soulignait Rudyard Kipling, à l'Est et à l'Ouest de se rencontrer, on constate pourtant qu'au royaume des talibans, dans des endroits de nécessité certes nauséabonds, les deux mondes ont fait un effort et cohabitent ainsi en toute sérénité.

Malgré les vicissitudes de sa charge, les rumeurs de dissidence qui parcourent la province, Dost Mohammad, le gouverneur-mollah de Ghazni, est visiblement heureux de la moisson d'armes que lui livre Hafiz. Avec un tel pactole, il va pouvoir pavaner à Kaboul, devant les notables enturbannés de la capitale, et à Kandahar, où il connaît la disgrâce. Maintes querelles théologiques s'effacent au pays de la pureté devant des caisses de munitions.

Zahir lui non plus ne s'embarrasse guère de principes et de considérations spirituelles. Lorsque la voiture démarre, il saisit une cassette de musique indienne, habilement dissimulée derrière un coussin, l'insère dans l'autoradio et chante à tue-tête, oui, je sais, c'est interdit, mais, s'il fallait suivre tout ce que disent mes frères talibans, on ne pourrait même plus respirer.

En 1809, Elphinstone fit une description assez précise de Ghazni, qui laisse penser que la ville n'a guère changé, perdue dans le souvenir de sa grandeur.

« Ghuznee elle-même, qui il y a huit siècles était la capitale d'un empire qui s'étendait du Tigre au Gange, et des Jaxartes au golfe Persique, est maintenant réduite à une cité comprenant environ mille cinq cents maisons, à côté de faubourgs dépourvus de murailles. La ville est installée sur une hauteur, au pied de laquelle coule une large rivière. Elle est entourée par des remparts de pierre et contient trois bazars de peu d'importance, avec huit maisons de chaque côté, et un marché couvert, ainsi que plusieurs rues sombres et étroites. On peut voir quelques restes de l'ancienne grandeur de la ville dans le voisinage, en particulier deux minarets altiers, qui s'élèvent à quelque distance l'un de l'autre, et sont de hauteur différente, le plus petit de cent pieds de haut. La tombe du grand Sultan Mahmud reste elle aussi debout, à environ trois milles de la ville. C'est un bâtiment spacieux mais non somptueux, recouvert d'une coupole. Les portes, qui sont très larges, sont en bois de santal et ont été ramenées, dit-on, par le sultan comme un trophée du fameux temple de Somnaut dans le Gujerat, pillé lors de sa dernière expédition en Inde. La pierre tombale est en marbre blanc, une grosse dalle sur laquelle ont été sculptés des versets du Coran en arabe, et à sa tête repose la massue simple mais imposante du monarque. Elle est en bois, avec une tête en métal si lourde que peu d'hommes pourraient s'en servir. Il y a aussi quelques trônes et des fauteuils incrustés de nacre et de perles qui auraient appartenu à Mahmud. La pierre tombale est sous un dais, et quelques mollahs s'y entretiennent toujours, qui lisent le Coran à haute voix au-dessus de la tombe. »

Ghazni n'a visiblement pas changé, hormis le fait qu'elle n'est plus à douze jours de chameau de Kandahar mais à douze heures de route, à condition que Zahir ne fume pas trop de haschich et que le conducteur ne s'égare pas sur le chemin, empêtré à chercher les cassettes interdites dans les recoins de ses banquettes et sous le tableau de bord. Ce qui n'a pas changé, c'est surtout la présence des mollahs. Celui qui dirige l'hôpital est illettré et ne sait pas lire les notices des médicaments. On lui a vaguement appris à signer d'un trait de plume, alors il paraphe, marque de son sceau la moindre missive, des listes d'antibiotiques, des demandes d'hospitalisation, parfois des caisses d'armes, sait-on jamais, on n'est plus à quelques blessés près, cela pourrait servir la cause de l'hôpital, de sorte que le mollah non seulement veille à la guérison des malades, mais alimente aussi le registre des entrées. L'hôpital, d'ailleurs, a plus pour vocation d'enrichir les mollahs que de guérir les malades, tant est grande la propension à détourner les médicaments par lots entiers, lots aussitôt revendus dans les pharmacies du bazar. Les talibans, décidément davantage enclins à accroître leur pécule qu'à approfondir la conception de la pureté, ont trouvé une nouvelle source d'émoluments, vendre des charges de médecin à des étudiants infirmiers après un an d'études.

Un autre mollah se révèle un dur à cuire. Il s'agit du gouverneur adjoint, lieutenant vieillissant de Dost Mohammad, qui semble se moquer éperdument de son supérieur hiérarchique, et que je rencontre dans un mausolée non loin du tombeau de Mahmud, sur les hauteurs de la ville, dans une petite oasis au milieu de laquelle coule une eau rafraîchissante et qui, paraît-il, guérit les rhumatismes ainsi que d'autres maux de la charpente humaine, mausolée que je visite en compagnie d'un ancien humanitaire et de Kate, une journaliste britannique, correspondante de la BBC à Kaboul. L'ancien humanitaire, qui étudia longtemps à Paris, est devenu spécialiste de l'art afghan et, pour le compte d'une association de préservation du patrimoine basée au Pakistan, s'évertue à traquer les vendeurs de trésors et les pilleurs de tombes, ce qui représente au pays des talibans beaucoup de monde, on s'en doute, la pureté n'étant plus ce qu'elle était.

Dans le petit mausolée à ciel ouvert se pressent quelques badauds, des gens de Ghazni venus prendre le frais et des notables de la contrée qui aiment regarder les roses et le verger alentour. Kate a oublié de fermer son voile clair, qui ne recouvre qu'une partie du visage, et brusquement une agitation se produit autour d'elle, un bourdonnement indescriptible, comme si les badauds pressentaient les prémices d'un grand malheur. C'est le vieux gouverneur adjoint qui débarque, un turban blanc cerné de près par ses gardes du corps au turban noir, contraste qui lui permet d'être reconnu illico. Il brandit sa canne, interdit à toute femme occidentale de fouler l'endroit, contraint les autres à déguerpir et commence à hurler des ordres aux talibans qui l'accompagnent. Zahir n'en mène pas large, ah, une grosse légume, on n'a pas le choix, il faut décrocher. Lorsque je brandis la lettre du gouverneur, un bout de papier prestement griffonné et chiffonné, me permettant de visiter tous les endroits de Ghazni hormis la citadelle, qui demeure un dépôt militaire, le vice-gouverneur entre dans une verte colère, proférant des injures, qui signifient, selon la traduction hâtive de Zahir, sous le choc : « Le gouverneur, je m'en tape, il finira en taule, foutez-moi le camp ! » Et pendant que nous plions bagage, l'ancien humanitaire furieux d'écourter sa visite, Zahir droit dans ses bottes, tentant de nous protéger avec son turban noir, Kate avec un voile de plus en plus impudique qui, dans la fuite à travers les escaliers de terre, glisse de sa chevelure, le fils de douze ans sourit, ravi de l'altercation, et répète : « Et, oui, on n'en a rien à foutre du gouverneur. »

À la tombée du jour, on peut observer dans Ghazni un curieux mouvement de foule. D'un côté, les cohortes de volontaires qui vont à la mosquée ; de l'autre, les récalcitrants, les hésitants que viennent fouetter les miliciens du Vice et de la Vertu, nerf de bœuf en main. « Allez, tas d'hypocrites, filez à la prière ! » hurle un taliban haut comme trois pommes, avec quelques poils de barbe se battant en duel, aux gestes secs, visiblement heureux d'un tel pouvoir pour son jeune âge et qui semble particulièrement habile dans le maniement de la cravache. Lorsque je lui demande pourquoi il lui faut obliger tant de gens, pourtant bons musulmans, à se rendre obligatoirement à la mosquée, il répond : « Mais vous vous rendez compte, ils continuent de faire des affaires pendant que nous on prie… » Et il ordonne d'un geste rageur à un commerçant de clore son étal d'épices multicolores, pendant que son compère, guère plus âgé que lui, et sans doute tout aussi illettré, hurle davantage. Lorsqu'ils aperçoivent une kyrielle d'enfants qui, tout sourires, ont oublié de rallier le lieu de culte, les deux nervis lancent leurs fouets, mais les enfants, décidément rétifs, s'en vont dispersés vers le bazar au pied de la citadelle et saluent les deux commis à la pureté d'une bordée de doigts d'honneur. Zahir tente de garder son sérieux, mais on sent bien que, sous son turban noir, tout taliban qu'il est, il ne rêve que d'adresser le même geste à ses deux confrères.

Quand on y regarde d'un peu plus près, derrière les paravents, au-delà des palissades et des maisonnées, Ghazni, comme si elle souffrait d'un mal d'altitude, d'une ivresse des cimes qui l'entourent, se montre bien retorse à la sainte parole taliban. « Il faut être toujours ivre, clamait Baudelaire. Tout est là : c'est l'unique question. De vin, de poésie ou de vertu, à votre guise. » Lors d'une prière forcée à la mosquée, le peuple, oublieux de la vertu taliban et adepte d'une poésie de la rébellion, se révolte et vocifère à l'adresse des mollahs : « Arrêtez vos discours stupides ! », avant de s'éclipser devant des dignitaires bouche bée, malgré une flopée de gardes armés et trois tanks à l'extérieur, canon pointé sur la ville pour signifier que le mal provient d'abord des entrailles de Ghazni. Bannies comme tout instrument de musique, les harpes traditionnelles réapparaissent dans les rues, derrière les comptoirs d'échoppe, et se louent à vil prix pour les mariages et diverses cérémonies. Les cassettes audio et vidéo s'échangent sous le manteau, importées clandestinement du Pakistan une semaine après leur sortie sur les écrans de Bombay ou de New York, de même que l'on peut capter sur des petits écrans de fortune les chaînes du Grand Satan américain ainsi que du Petit Satan français grâce à des bricolages insensés, entrelacs de fils de fer qui composent un semblant de parabole, appareil particulièrement actif lorsque de bouche à oreille est signalée l'apparition d'une danseuse indienne légèrement dévêtue et bien en chair dont la chorégraphie légère vaut largement les périls des fouets brandis par les nervis aux arabesques à peine plus compliquées.

Le vieux gouverneur adjoint, celui-là même qui nous expulsa, l'ancien humanitaire, Kate et moi, du mausolée, est décidément en verve. Il convoque l'administrateur de Médecins sans frontières, Dominique, un homme qui ne se départit jamais de sa bonne humeur, même lorsque, après trois jours de route et le viol du couvre-feu de neuf heures du soir, je le sors du lit à trois heures et demie du matin pour qu'il m'accorde son hospitalité et une natte dans son salon.

« Il faut respecter les règles de l'émirat islamique », lance le gouverneur adjoint, dont le fils de douze ans au rictus satanique est omniprésent, celui qui répète : « Et oui, le gouverneur, on n'en a rien à foutre. » L'administrateur de Médecins sans frontières se demande quelle mouche a pu piquer une nouvelle fois le mollah, celui qui rêve de gifler les femmes occidentales et sûrement tous les impies. Ce qui turlupine le mollah, lequel, le jour où une classification sera établie sur la propension des maîtres talibans à appliquer leurs oukases, rentrerait plutôt dans la catégorie des mollahs-hurleurs, c'est la présence de croix rouges sur les murs de l'hôpital sous la forme d'autocollants et d'affichettes, symboles du christianisme et de l'Occident. Dominique, qui tente de garder sa bonne humeur, chose de plus en plus difficile devant le mollah-hurleur, a beau expliquer que le logo des humanitaires n'est plus une croix, le mollah n'en démord pas, qu'on m'enlève tout ça, encore une incursion des infidèles, s'ils commencent par nos hôpitaux, où finira-t-on...

Les choses s'enveniment lorsqu'un commando de la police religieuse pénètre dans la maison de Dominique, une demeure ombragée par des bougainvillées, à la terrasse plantée comme un jardin suspendu de Babylone et aux fleurs tombantes, alors que le responsable de la mission, les deux infirmières et la femme médecin sont absents, « trois femmes, quelle chance il a, ce Dominique ! » soupire Zahir, impression que l'intéressé ne dément en aucun cas, soucieux que ses consœurs de mission n'apparaissent pas comme célibataires depuis que deux d'entre elles, l'année précédente, ont été battues dans le bazar pour avoir osé s'aventurer sans aucune escorte mâle, témoignant aux yeux des doctes censeurs du Vice qu'elles étaient de petite vertu. Les agents de la police religieuse, qui ne remarquent pas le magnétoscope et une radiocassette dans un coin du salon, près du tapis rouge et sous la bibliothèque, mettent la main sur un calendrier avec une photo d'enfants. « Mais tout cela est interdit ! » lance le chef en promettant des punitions, songeant sans doute au mollah-hurleur et à son fils de douze ans au rictus insistant, personnage que l'on hésite à classer, soit dans la catégorie des mollahs-hurleurs, ce qui pourrait démontrer que cette charge se transmet de père en fils, soit dans celle des mollahs-fouetteurs, sans que ces deux catégories soient exclusives l'une de l'autre, tant et si bien que l'on fouette et que l'on hurle en même temps au royaume des talibans, dont les ancêtres étaient tout aussi bruyants, ce qui fit sourire Goethe dans *Le Divan*, « Parmi tout le bruit et le fracas des Transoxains ».

À l'hôpital de Ghazni, les nomades viennent garer leurs chameaux dans la cour et toisent les talibans dans leurs jeeps neuves au vitres teintées et aux gyrophares bleu et rouge, très utiles pour la chasse aux récalcitrants. Les nomades déposent l'un des leurs atteint de tuberculose et repartent d'un coup de cravache avec un souverain mépris pour les mollahs motorisés, comme si ces derniers étaient relégués au rang des moins que rien, condamnés à transhumer encore plus qu'eux, à glisser sur la carte de l'Afghanistan telles des gouttes de pluie sur les pierres du désert, et lorsque j'observe le mollah-hurleur et son fils, futur mollah-fouetteur, oui, je comprends aussitôt le regard des nomades.

Non loin de là, enfermé dans son bureau, le mollah illettré qui dirige l'hôpital continue de tamponner des bons pour ses protégés, tiens, encore un peu de médicaments, et toi, de l'aspirine, être redresseur de torts ça fait mal à la tête, j'en conviens, et toi là-bas, un peu d'antibiotiques, sait-on jamais, tout en ignorant ce que signifie le mot antibiotique. Le mollah illettré se moque du fait que, depuis une semaine, depuis le jour où il décida de réaliser des économies, les mères souffrant de malnutrition ne reçoivent plus de ration.

Lorsque le général Keane, à la tête d'un détachement britannique, se présente en 1839 au pied de la forteresse de Ghazni, il s'aperçoit que les agents de renseignements de Sa Gracieuse Majesté se sont un peu trompés sur l'ouvrage : la citadelle rouge se révèle imprenable, avec des remparts hauts de soixante pieds qui narguent les petits canons de campagne. Dans un geste que l'on peut considérer soit comme de la magnanimité pour les défenseurs de l'endroit, soit comme le fruit d'une grande lassitude, face à une troupe légèrement affamée, Keane ignore la forteresse et envisage de rentrer sur Kandahar.

Il ne peut cependant en rester là, perdre ainsi la face devant ces barbares afghans qui doivent rire sous cape derrière les hauts murs de la citadelle. Cette citadelle qui le défie, qui se moque de tout l'Empire britannique sur lequel le soleil oublie de se coucher, c'est énervant. Et puis les Russes n'attendent que ça, un atermoiement, une faiblesse des Anglais, la moindre petite mollesse de cet empire arrogant pour fondre sur l'Afghanistan. Le général Keane se reprend, appelle ses conseillers : Placez-moi des explosifs au pied de la citadelle, et que ça saute ! Les officiers se regardent, consternés : il s'agit d'une mission suicide. Un seul d'entre eux se déclare volontaire, le lieutenant Henry Durand, des Ingénieurs du Bengale, bien qu'il soit encore sous l'effet d'une jaunisse et un peu flageolant sur ses jambes amaigries. Il n'est guère rassuré mais considère que sa tâche est primordiale pour la conquête britannique de l'Afghanistan, laquelle vaut bien quelques sacrifices, préludes à l'héroïsme colonial. Il a de la chance : l'un des agents de renseignements, Mohan Lal, s'arrange pour entrer en contact avec un défenseur, qui lui apprend que toutes les portes de Ghazni sont renforcées de briques, ce qui les rend invulnérables, sauf une, la porte de Kaboul, précisément celle qui ouvre sur le nord et la tombe de Mahmud le Ghaznévide.

Pendant que le général Keane et ses officiers préparent les plans de l'attaque, des combattants afghans débarquent sur les crêtes, au-dessus du campement britannique. Ils n'ont pas le temps de fuir et sont capturés par les fantassins. Las de toutes les tracasseries liées à sa destinée de conquérant, le général Keane les abandonne au bon vouloir du dignitaire afghan qui l'accompagne et qu'il est chargé de réinstaller sur le trône à Kaboul, Shah Shudjah, qui sera bientôt sacré roi. Celui-ci ne se gêne pas pour occire sous sa tente les captifs, cela fait si longtemps qu'il attend ce moment. Lorsqu'un officier britannique passe à l'arrière du gîte princier, il entend des râles, s'approche et constate que Shah Shudjah et ses gardes s'en donnent à cœur joie, « hachant et mutilant les pauvres diables sans discrimination avec leurs longs sabres et leurs couteaux ». Les officiers britanniques ne tentent rien pour arrêter le bras du prince. Mal leur en prend : la réputation de leur protégé, barbare et sanguinaire, s'étend à tout l'Afghanistan et entache l'aura des Britanniques, qui ne s'en remettront jamais.

Le général Keane trépigne d'impatience : il lui faut cette citadelle, quitte à trancher la tête de tous ses occupants, femmes et enfants compris. Que fait le lieutenant Henry Durand ? Il somme le général d'attendre l'absence de lune. Cela tombe bien : le jour venu, un vent hurlant couvre les bruits. Une attaque de diversion est menée sur l'autre côté de la forteresse avec l'artillerie légère et les cipayes de l'armée des Indes. Pendant ce temps, le lieutenant Durand et ses sapeurs placent des barils de poudre sous la porte de Kaboul. À trois heures du matin, les Anglais tirent sur les remparts et un obus tranche la tête d'un Afghan qui a le malheur de dépasser un peu trop du mur d'enceinte. Alors Durand allume la ligne de poudre, la voit s'éteindre, recommence, le cœur haletant avec l'altitude, prêt à sacrifier sa carrière de lieutenant et éventuellement sa vie si la mèche ne prend pas. À la troisième tentative, les barils explosent et la porte de Kaboul vole telle une feuille morte. Une indescriptible cohue s'ensuit. Les baïonnettes anglaises se mêlent aux sabres afghans, on se bat pour chaque arpent de muraille, dans les ruelles, sur les toits des maisons, et le clairon, qui ne reconnaît plus les siens, sonne un temps la retraite, ce qui crée la panique parmi les Britanniques affairés à se battre dans la forteresse. Un brigadier moustachu maniant le sabre comme un damné parvient à poursuivre l'assaut à la tête d'une colonne qui se fraie un chemin parmi les défenseurs afghans. Ceux-ci laissent venir les assaillants, leur coupent toute retraite, vocifèrent tels des diables en guenilles, mais la plupart sont passés par le fil de la baïonnette quand ils ne meurent pas dans l'incendie des maisons ou hachés menu par la cavalerie qui attend à la porte de Kaboul le flot des rescapés. Les soldats de Sa Majesté s'empressent de lever l'Union Jack sur les remparts et, à court de vivres, de piller les coffres à grain. La route vers Kaboul est désormais libre.

À Kaboul, le roi d'Afghanistan hurle de désespoir, de honte, non pour les centaines d'hommes perdus dans la citadelle, une peccadille, mais pour l'affront, chose autrement plus sérieuse. Dost Mohammad ordonne alors à ses lieutenants de rassembler toute la troupe, cinq mille hommes qui seront commandés par son fils, pour se porter à la rencontre de l'ennemi, mais les petits commandants afghans s'inquiètent et préfèrent observer de loin, sur les crêtes, les avancées des hommes de la Couronne. Au début de juillet 1839, les Britanniques sont en vue de la capitale, alors que Dost Mohammad, prudent, a déjà fui vers les montagnes. La ville est prise sans coup férir et les Britanniques installent le roi fantoche, Shah Shudjah, qui n'était pas revenu dans la capitale depuis trente ans. Il est gros, porté vers la mélancolie depuis son long exil dans l'empire des Indes, et se laisse un peu trop berner par les Anglais. Alexander Burnes, agent britannique servant pour la Compagnie des Indes, traducteur de persan dans un régiment britannique à l'âge de dix-neuf ans et qui, déguisé, avec son regard acéré, son menton un peu rond, passe parfaitement pour un notable afghan, a toujours douté des qualités de Shah Shudjah. « Je ne crois pas que le Shah possède suffisamment d'énergie pour s'asseoir sur le trône de Kaboul », écrit Burnes dans son journal, un homme qui, bien qu'ayant mal fini, massacré par une foule en délire à Kaboul, ne pouvait être foncièrement mauvais, comme plus tard Hafiz, puisqu'il s'intéressait de près aux faucons, spécialement ceux du Sind et ceux migrant depuis le Khorasan.

Quelque temps avant son assassinat, Burnes prit le temps de consigner dans son journal les différentes espèces de faucons qu'il rencontra en chemin, notamment dans le Sind le *luggur* aux yeux noirs, entraîné pour la saison de chasse et qui s'enfuit à la fin de sa mission, le *zorru*, « un oiseau noble », aux yeux jaunes, le *churgh*, plus rapide que l'antilope, le *chatway*, qui lui aussi reprend sa liberté à la fin de la saison. Une chose chagrinait Alexander Burnes : lorsque les faucons qu'il observait repartaient vers leurs terres au crépuscule de la chasse, ils subissaient non seulement les attaques des vautours, mais aussi celles de leur propre espèce, de telle sorte qu'un oiseau apprivoisé finissait inévitablement déchiqueté par les siens, demeurés sauvages, et ce fut grosso modo ce qui arriva à Burnes, à trente-six ans, un âge raisonnable pour prétendre au titre de grand homme, sinon de génie, lorsque ses protégés afghans s'emparèrent de la citadelle de Kaboul et le taillèrent en petits morceaux.

À la fin de l'été 1841, Alexander Burnes s'ennuie un peu dans sa forteresse. Il ne s'entend pas avec Sir William Macnaghten, son supérieur, brillant orientaliste mais de plus en plus imbu de lui-même, personnage fat qui se tripote le ventre lorsqu'il parle et qui n'attend qu'une chose, qu'on lui offre le poste de gouverneur de Bombay, le sommet de sa gloire. Il ne s'amuse plus des parties de cricket, jeu introduit par les officiers de Sa Majesté la reine Victoria, ni des concerts et des courses de chevaux sur des haies plus ou moins sommaires, divertissements qu'apprécient grandement les nobles afghans et les épouses britanniques. Cela fait plusieurs mois que lui et les siens ont réinstallé le roitelet Shah Shudjah, emmené par les Britanniques dans leurs bagages lorsqu'ils ont pris la citadelle de Ghazni. La saison estivale a été chaude, et maintenant les premières neiges apparaissent au loin, sur les sommets de douze mille pieds alentour. Burnes rêve d'équipées dans les steppes, de coups fourrés contre les Russes et ces plénipotentiaires du tsar qui errent dans les environs. Il rêve de batailles et de combines qui lui donneront un nom. Il rêve aussi de femmes, qui ne sont pas très nombreuses dans les parages, hormis quelques épouses d'officiers britanniques qui n'en peuvent plus de ce satané climat, une fournaise l'été, une banquise l'hiver, et pestent dans les rues du bazar en soulevant leurs longues robes salies par la boue. Burnes se décrit comme un « fainéant très bien payé ». Quand un messager se présente en provenance de la garnison de Peshawar, à une semaine de cheval, Burnes pond une missive à l'intention de ses supérieurs en pensant qu'ils n'en tiendront aucunement compte. Il a raison. L'empire des Indes se moque des résidents de Kaboul, cette capitale d'un pays barbare dont la soumission coûterait trop cher.

Burnes s'inquiète de l'attitude de ses compatriotes, qui se relâchent de plus en plus, courtisent des femmes célibataires du cru dans des clubs et en calèche, boivent comme des trous dès que le soleil se couche, car, sur cette portion de l'Empire britannique, il parvient à se coucher. Alors, des Afghanes maquillées de khôl et vêtues de soie quittent leurs maris pour rejoindre à la nuit tombante, dans quelque demeure en ville, des officiers égayés par les rations d'alcool. Certaines prennent le maquis avec eux, follement audacieuses, séduites par leur générosité – bijoux, étoffes, ors. On signale même des femmes de petite vertu dans l'enceinte de la garnison. Tout cela commence à énerver les riverains, et les ruelles enflent de rumeurs. De riches marchands éconduits se mettent à conspirer. Courroucés, des chefs de tribu, ceux qui ne sont pas achetés à prix d'or par les Britanniques, lèvent les sourcils devant cette débauche, comme s'ils annonçaient une prochaine vengeance.

Elle ne tarde pas. Depuis Kandahar, le major Henry Rawlinson envoie une dépêche secrète à Kaboul. « Un sentiment antibritannique augmente de jour en jour et j'appréhende une succession de troubles... Leurs mollahs prêchent contre nous d'un bout à l'autre du pays. » Mais Sir Macnaghten, qui n'en peut plus de cette ambiance, n'écoute pas ses agents. Il craint de devoir rester là s'il transmet les missives au gouverneur général des Indes, ancré à vie dans ce trou, trop loin de Bombay et des clubs de l'empire largement abreuvés en whisky. Pendant ce temps, les mâles esseulés, les notables délaissés par leurs femmes, préparent la révolte.

Le soir du 1er novembre 1841, Alexander Burnes, enfermé dans sa demeure de la vieille ville, loin de la garnison, est un peu tendu. Il sent la rébellion monter autour de lui, telle une clameur sourdant de la terre battue. Il regarde par la fenêtre de sa maison et aperçoit des petites lumières qui scintillent dans la nuit comme les guirlandes d'une danse effarouchée. Seraient-ce des félons à l'assaut ? Il plisse les yeux. Non, ce n'est rien, simplement son fidèle ami Mohan Lal du Cachemire, l'agent de renseignements, le lieutenant de Henry Durand lors de la prise de Ghazni, qui lui rend visite.

Il est essoufflé, ses yeux roulent de peur.

— Sir, ils conspirent.

— Je sais, je sais, mais encore…

— Ils veulent votre tête.

— La mienne ? Elle ne vaut rien. Et que diable leur ai-je fait ?

— Ils cherchent un bouc émissaire. Les mollahs surtout.

— Je les aime pourtant.

— Ils pensent que c'est vous le responsable, vous qui avez amené les Britanniques à Kaboul.

— Alors, ils n'ont pas tort…

Puis Burnes triture sa fine moustache et se met à réfléchir. Ces Afghans, il suffit de les acheter. Et, dans un élan magnanime, il se voit leur jetant des pièces d'or, des coffres de bijoux, et pourquoi pas rendre aux maris éconduits leurs femmes trop volages, mais là, ce serait l'émeute au sein de la garnison… Finalement, il se moque de la menace. Et qu'importe que la garnison stationne au loin, à deux milles. Il demande à ses cipayes indiens de doubler la garde pour la nuit.

Dans la pénombre, une foule hétéroclite se rassemble. Menés par quelques conspirateurs et des religieux, les Afghans portent des faucilles, des fourches, des haches. Quelques mollahs murmurent aux badauds que les trésors de la garnison, les bijoux qu'offrent ces chiens galeux d'infidèles à leurs propres femmes, sont cachés à deux pas, non loin de la maison de Burnes. Peu à peu, la populace excitée grossit, dans une forêt d'yeux rendus fiévreux par l'appât du gain et le désir de vengeance, et entame sa marche vers la demeure de Burnes.

Celui-ci est réveillé par sa garde et monte sur le balcon. Il ne panique pas et pense qu'il peut encore parlementer avec les fauteurs de troubles.

« Ne tirez pas », crie-t-il à ses soldats.

Dans la garnison, Macnaghten, au seuil de s'endormir sur un oreiller dur et ses chimères, est tiré de son lit par un agent, qui l'informe du péril. Malgré le peu d'amitié qu'il porte à Burnes, Macnaghten envisage aussitôt d'expédier un détachement vers la vieille ville et la maison de Burnes qui commence à être sérieusement menacée. Mais, si tout cela se sait auprès du gouverneur général, c'en est fini de la nomination de Macnaghten à Bombay. Il se ravise, perd du temps à écouter ses conseillers, lesquels ne veulent pas se faire couper les abattis à une heure pareille. Mourir, d'accord, mais en plein jour, excellent pour les décorations, ça fixe davantage les esprits et inspire les peintres. Autour de Macnaghten, on apprend que Shah Shudjah, le roitelet installé par les Britanniques, a envoyé ses troupes vers la vieille ville afin de protéger Burnes. Ça suffira, maugrée Macnaghten, qui n'a qu'une envie, retourner dans son lit, sans doute pour mieux contempler ses chimères.

Sur le balcon, Burnes n'en mène pas large. Il est entouré de son jeune frère Charles, d'un subalterne de l'armée des Indes et d'un major, qui lui recommande de tirer dans le tas. Le peuple s'est rassemblé dans la rue longeant la bâtisse, agité par quelques mollahs qui rameutent les Kaboulis, réveillés par les clameurs et de plus en plus exaltés à l'idée d'un trésor. On jette des pierres dans la nuit, on pointe les fourches vers le balcon comme une nuée d'atlantes ténébreux. Burnes retient ses hommes, mais, lorsque les premiers émeutiers franchissent l'enceinte et mettent le feu aux étables, l'un des assaillants tire sur un officier britannique, qui meurt en silence. Burnes revient à son perchoir, tente de calmer la foule, lui promet des pièces d'or. Cependant il est trop tard, rien ne peut arrêter les insurgés. Burnes ordonne alors à ses cipayes de répliquer, mais le peuple des maris trompés et des fanatiques progresse, met le feu à la maison, ignore ses agonisants, tandis que Charles, le frère de Burnes, décide de mourir les armes à la main, descend vers la multitude enflammée, sabre deux ou trois têtes et tombe en soldat solitaire. Sur le toit s'est réfugié Mohan Lal, l'agent de Burnes, que celui-ci aurait mieux fait d'écouter. Il assiste, terrorisé, à la fin de son maître, qui pourfend les gueux de quelques moulinets, hurle pour ne pas se contenter de mourir en silence, contrairement au major, puis se fait tailler en pièces.

En fait, Mohan Lal, qui écrit sa déposition quelques jours plus tard, n'a pu constater que la mort du jeune frère. Quant à Burnes, il se situait dans un endroit trop éloigné du toit pour que son agent du Cachemire ait pu le repérer. Une autre version de la mort de Burnes existe, qui privilégie la voie de la trahison. Alors que son frère expire, Burnes aperçoit dans une pièce de sa demeure un Afghan qui lui dit :

— Si vous vous déguisez avec une tunique locale et un turban, je vous fais sortir incognito.

Burnes obtempère. Il veut gagner du temps, espère l'arrivée des quatre mille cinq cents soldats britanniques et indiens, stationnés à une demi-heure de marche, et qui déjà doivent entendre les détonations et les clameurs de la masse. Mais, alors que le résident britannique surgit dans la cour, l'Afghan qui l'accompagne crie à la meute :

— Voici Alexander Burnes !

Et le malheureux tombe sous les coups d'un mollah fanatique, puis finit piétiné et coupé en petits morceaux par les poignards des émeutiers. La trahison a eu raison de la vie de Burnes, mais l'amitié sauve son corps : un ami afghan récupère les bouts mutilés, les place dans un sac et les enterre dans le jardin de la résidence, réduite à l'état de ruine. Quant au corps du major, celui qui recommandait à Burnes de tirer dans le tas, il termine dans la gueule des chiens de la vieille ville, alors que dans la garnison Sir Macnaghten continue de se demander s'il lui faut intervenir ou pas.

La masse poursuit sa marche haineuse. Elle brûle tout, les maisons, les échoppes, hurle sa soif de vengeance. Apparaît un chambellan de Shah Shudjah, le roitelet des Britanniques. Que va faire le souverain fantoche ? Plus retors que jamais, il se joint aux insurgés, appelle à la guerre sainte, acclamé par les mollahs. En fait, vieille tradition afghane, il se vend au plus offrant, pratique que l'on observe encore aujourd'hui dans les environs de Kaboul et les montagnes du Hazaradjat, et sur laquelle les ethnologues feraient bien de se pencher, lorsque les commandants talibans passent du côté de Massoud et vice versa, de telle sorte que si la danse est aujourd'hui interdite, de même que la musique et autres choses impies, la sarabande, celle de l'argent frais, celle de la trahison, se trouve être en revanche dûment encouragée.

On observe le même goût pour la mise en pièces aujourd'hui à Kaboul et à Kandahar, notamment dans les stades de football. Je déjeune tranquillement pour cinq francs au restaurant Herat de Kaboul, un endroit kitsch avec néons, affiches de chalet suisse et de villes européennes, nuées de serveurs, serviettes en papier coloré, un restaurant fréquenté par les dignitaires talibans, lorsque m'aborde un homme de vingt et un ans, entouré de ses compagnons, lesquels détonnent parmi la mêlée de talibans par leur allure sportive et une barbe taillée, ce qui semble indiquer pour le moins qu'ils sont protégés. Ali et les siens sont les champions de football de Kandahar et ils viennent jouer un match cet après-midi dans le grand stade de Kaboul, là où les fans de ballon rond se rassemblent afin de se délecter d'un sport considéré au départ comme trop occidental et surtout comme une échappatoire à la prière, interdit puis à nouveau toléré, face à l'énorme pression populaire, face au dilettantisme des masses, à la dépression de tout ce que l'Afghanistan comptait comme aficionados du ballon rond, bref, face à une immense révolte qui valait bien les soulèvements des Afghans contre tout à la fois les Mongols de Gengis Khan, les Britanniques de l'empire des Indes et les soldats de l'Armée rouge. Les joueurs de football sont contraints cependant de porter un pantalon bouffant ou un long bermuda de manière à ne pas montrer leurs cuisses et doivent interrompre leur match pour la prière, de sorte qu'il convient de calculer son coup afin que la mi-temps tombe pile-poil au moment du coucher du soleil, ou à l'heure de la prière de l'après-midi. À cet instant précis, les joueurs se replient en bon ordre, car le peuple des supporters envahit le stade, non pour saluer leurs héros ou cracher sur les policiers comme au Parc des Princes, mais pour se prosterner avec plus ou moins de dévotion ostentatoire, sous le regard de talibans à baïonnette et de nervis à cravache qui frappent les récalcitrants. Au restaurant Herat, les talibans ne paraissent nullement gênés par la présence tapageuse des compagnons d'Ali ni même par ce qui attire mon attention lorsque l'on scrute les affiches de chalet alpestre et de villes européennes : l'une d'entre elles représente une gare suisse avec trois personnages, trois figures humaines qui ont échappé à la censure iconoclaste des maîtres à penser de Kaboul et qui constituent autant d'affronts. Je me penche, j'observe de près, pas de doute, ce sont bien des humains, mais, à bien y regarder, les trois personnages sont flous, pris comme dans un brouillard, et voilà ce qui a dû sauver leur tête lorsque les talibans ont statué sur leur sort, ainsi que celle de l'auteur du cliché s'il venait à revendiquer son œuvre, ce qui revient à dire que l'on peut se faire tirer le portrait et l'afficher sur les murs d'un restaurant afghan à condition que le photographe, soit par méprise, soit volontairement, bannisse la netteté ou penche pour une vitesse d'obturation trop lente.

À propos de tête, Ali, le joueur de football, m'annonce finalement que le match est annulé parce que précisément une tête doit rouler dans l'après-midi, celle d'un meurtrier, en pestant contre le fait qu'on empêche les deux grandes équipes d'Afghanistan de s'affronter pour une banale affaire de décollation, un vulgaire jugement de *qazi*, un juge islamique, aussi puissant soit-il. Des turbans inclinés sur leur assiette de riz et de brochettes se relèvent alors et, entre deux rots, dans un ballet de manches de tunique qui essuient des bouches grasses, fixent Ali d'un air courroucé. À ce moment-là, celui-ci baisse la voix et me raconte le plus beau tour qu'il a pu jouer aux talibans.

À la veille de la Coupe du monde, Ali et les membres de son équipe se sont posé une épineuse question : que faire pour voir les matches ? Question assurément unique sur la planète, car les équipes de football en Afghanistan sont incontestablement les seules à avoir été privées de télévision. Comment Ali pouvait-il supporter cela ? Il pensa un temps fabriquer une télévision clandestinement, avec les moyens du bord, mais cette entreprise se révéla trop difficile et surtout dangereuse. Alors, lui et ses compagnons mirent au point un stratagème, allèrent voir le directeur de l'équipe, palabrèrent avec lui quelques heures et demandèrent à effectuer un stage au Pakistan, étape indispensable s'ils voulaient remporter la coupe d'Afghanistan, un modeste trophée qui brillait comme une vieille casserole que l'on fait reluire au dernier moment, et couvrir de gloire Kandahar, ce qui n'était après tout que chose normale, étant donné que Kandahar demeure non seulement la ville des rois, celle qui fonda la dynastie en 1747, mais aussi le berceau des talibans, et donc que les joueurs à crampons et pantalon bouffant se devaient tous de ravir la récompense à ces chiens galeux de Kaboul, talibans ou pas, qui se prennent pour le nombril du globe, ce que reconnaissait Nicolas Bouvier dans *L'Usage du monde* : « Lorsque le voyageur venu du sud aperçoit Kaboul [...], il se flatte d'être arrivé au bout du monde. Il vient au contraire d'en atteindre le centre. »

À force de négocier avec les commandants talibans, le manager de l'équipe d'Ali, qui n'était pas dupe et pas hostile au fait d'enlever son turban pendant deux semaines afin de contempler les exploits des équipes brésilienne, française ou italienne sur un petit écran pakistanais, réussit à les convaincre, d'autant plus que ses poulains manquaient de bonnes chaussures et qu'un séjour dans la ville de Quetta leur permettrait de se ravitailler en matériel. Et l'équipe d'Ali a pris la route dans des voitures datant de Mathusalem pour s'enfuir quinze jours durant de l'autre côté de la frontière, au pays des écrans libres, au pays de la musique, au pays des paraboles qui captent la télévision indienne, laquelle retransmet non seulement les matches, mais aussi les clips vidéo et les danses des actrices indiennes, dévêtues, rondelettes et lascives. Ce qui fait qu'Ali fut déclaré dans son petit hôtel bruyant de Quetta « drogué à la télévision » mais également drogué aux films indiens, ceux produits pour trois fois rien dans les studios de Bombay, surnommé « Bollywood », et qu'il revint avec des crampons neufs et des yeux particulièrement rougis.

Au stade de Kaboul, la populace s'est assemblée religieusement, en silence, sous le regard des gardes talibans dûment armés, bâton en main. Il est deux heures de l'après-midi, et le *qazi* Saïd Abdulrahman, juge de la « cour islamique militaire », homme à la barbe blanche, annonce devant un mégaphone que l'on va juger un voleur et un meurtrier, le premier déclenchant peu d'applaudissements mais le second beaucoup plus, comme si le petit peuple sous la coupe des talibans manifestait décidément un goût immodéré pour le sang. Et pendant l'après-midi s'ensuit une litanie de déclarations, d'accusations, d'histoires de *qazi*, tout l'Afghanistan semble défiler sous nos yeux, son histoire et sa soif de vengeance aussi, de telle sorte qu'au bout de deux heures le public se retrouve chauffé à blanc sûrement plus que pour le match de football, n'en déplaise à Ali. Le *qazi* s'emporte, s'époumone, comme s'il tenait là l'affaire de sa vie, attendue depuis des décennies : « Aujourd'hui, on va appliquer le Coran, chaque meurtre doit entraîner des représailles. » Et le *qazi* s'excuse de cette demande de sang face au haut-parleur : « Avant, avec un meurtre, on se payait une vendetta pour des mois, maintenant c'est fini, on exécute en public pour rétablir l'ordre et assurer une atmosphère pacifique. » Le *qazi* évoque alors l'or des montagnes, les torrents qui dévalent les versants pour chercher le fleuve, et l'histoire d'un tel et d'un tel, tout ça pour aboutir à une question posée au père de la victime et qui se résume à : « Tu lui accordes ton pardon, oui ou non ? » La main sur la poitrine, le père de la victime, un homme à la barbe blanche et aux yeux brillants, sans doute animés par le désir de vengeance, assis près de la tribune d'honneur, répond que tant que l'or surgira des montagnes, tant que les torrents couleront vers les fleuves, tant qu'un tel ou un tel vivra, il ne pourra jamais accorder de pardon à ce fils de chien, que la honte soit sur lui, ce bâtard couvert d'excréments qui lui a pris un fils. La foule exulte, encense le père, lequel a probablement senti que, s'il avait accordé son pardon, il aurait dû affronter la colère de centaines de badauds. Pour commencer, le *qazi* fait venir le voleur, un gars de vingt ans au physique de garçon boucher et au cou de taureau, placé à cinq mètres du centre du terrain. Trois talibans, présentés comme médecins et le visage soigneusement couvert par une espèce de cagoule blanche qui leur donne des allures de militants du Ku Klux Klan, se saisissent du coupable, un voleur de montres et d'une somme d'argent non négligeable, l'anesthésient au niveau du bras, lui garrottent l'avant-bras, découpent au scalpel son poignet, puis jettent la main sanguinolente au milieu du terrain, comme s'il s'agissait d'un début de match, dans un murmure de ravissement qui ondule sur les gradins. Un garde gras et en chemise blanche se penche et s'empare alors du membre amputé pour se promener, hilare, devant le public déchaîné, de plus en plus hystérique, les narguant, « qui veut la main ? », tandis que quelques étudiants talibans, les yeux maquillés de khôl, promettent le même sort à tout voleur, à condition que le larcin dépasse trois cent mille afghanis, soit trente francs, et une main coupée pour ce voleur-là, qui a dérobé l'équivalent de treize fois ce montant, il s'en sort bien, crie un taliban, encore heureux qu'il n'ait pas eu aussi le pied coupé. Replié sur mon banc, craignant pour mes membres supérieurs et inférieurs et le reste s'il me venait par malheur l'idée de subtiliser le moindre bout de tunique à mon voisin, et même la moindre poussière, ce qui peut coûter, pour les poussières à moins de trente francs, un bon morceau de chair, j'apprends que le voleur en fait s'était rendu coupable d'un crime autrement plus grave, à savoir décliner une identité douteuse au moment de son larcin et affirmer crûment qu'il était affilié aux talibans, ce qui reviendrait à dire, si j'en crois mon voisin, que le seul fait de se proclamer taliban alors qu'on ne l'est pas suffit à vous envoyer sur le billot d'amputation, avis aux mégalomanes.

Debout devant les bancs de touche, les gardes talibans ordonnent au peuple de l'arène de se taire et brandissent des cravaches, patience, dit avec fougue mon voisin, le meilleur va arriver, comme Mallarmé s'exclamait : « Sa fosse est creusée ! » Exactement cinq minutes après l'amputation une jeep à plateau surgit du côté gauche du stade, s'arrête en plein milieu, décharge un homme ficelé, et en quelques secondes, après que le coupable eut regardé son bourreau dans un geste étrange, une demande de compassion qui irait au-delà du pardon, le frère de la victime lui envoie trois balles dans la tête, à seize heures dix, alors que le soleil décline au-dessus des montagnes de Paghman, la ville climatique des hauteurs, détruite au canon de char comme il se doit dans ce royaume des ruines. « Ô mes amis, est-il parvenu à vos yeux ou vos oreilles qu'une victime, avant moi, ait pleuré d'amour pour son bourreau ? » écrivait le poète arabe Jamil Ibn Mamar, au VIIIe siècle. Le peuple des arènes et des jeux cette fois-ci ne se retient plus, se précipite vers le lieu d'exécution, et je comprends pourquoi la jeep redémarre en trombe avec le corps jeté à l'arrière, car chaque spectateur se met à inspecter le sol, à chercher les douilles, à gratter la terre pour toucher le sang, le tout dans une liesse innommable, et là force est de donner raison à Ali : la télévision a du bon, elle remplace les jeux du cirque.

Force m'est aussi de reconnaître qu'en dépit de mon costume afghan et de ma barbe naissante les badauds ne me prennent visiblement pas pour un des leurs. Quelques spectateurs entourent d'un air belliqueux cet étranger qui n'est pas affairé à courber le dos pour gratter le sol et humer le sang, et je suis prêt à dire tout de go que je ne leur ai rien volé, non, non, rien de rien, d'ailleurs il n'y a plus rien à voler dans tout l'Afghanistan, même pas une âme, quand un mollah vient à ma rescousse et lance quelques cris pour faire déguerpir cette troupe insolente, ces hooligans de la vertu devant lesquels les habitués du virage sud du Parc des Princes sont des enfants de chœur. Le mollah, Yar Mohammad, est en fait ministre de l'Agriculture et se pavane au milieu de ses hommes comme le Grand Turc dans son sérail du Bosphore. Non content de m'avoir sauvé la vie, action charitable qui semble lui procurer une jouissance certaine, le mollah-ministre se lance dans une nouvelle sentence contre le meurtrier, comme pour l'exécuter une seconde fois, et dit que le montant du larcin doit se monter à trois cent quatre-vingt mille afghanis, soit trente-huit francs, pour que les voleurs méritent l'amputation, ce qui fait huit francs de plus que la somme précitée, différence que j'interprète comme un geste de clémence. J'en déduis également que, lorsque le montant du vol se situe dans la fourchette des trente à trente-huit francs, le jugement doit entraîner toute une série de commentaires, doit-on l'amputer ? non, alors juste un doigt, un orteil, une phalange, pour l'exemple, afin que les autres ne recommencent pas, et tant pis si les talibans sont d'immenses voleurs, des détrousseurs de grand chemin, des violeurs aussi, par temps de guerre et par temps de paix.

Pendant que le mollah-ministre magnanime poursuit son interprétation de l'islam, je lui demande comment va son ministère, ça peut aller, du travail, oui, beaucoup de travail, il faut reculer la terre, et je m'aperçois peu à peu qu'il sait à peine ce qu'est un tracteur, qu'il n'y connaît rien en engrais, encore moins en crédits et en intérêts ou en coopératives, et que la seule chose qui l'intéresse, hormis les châtiments islamiques, est la culture à la bêche et à la charrue, et surtout la poursuite de la guerre, car il faut bien occuper les paysans-combattants entre deux récoltes. Alors que la cohue se fait moins menaçante, occupée à rechercher tout ce qui peut avoir trait au rituel d'exécution, mon mollah-ministre magnanime se met à décliner les punitions pour adultère : cent coups de fouet pour ceux qui sont célibataires ; quant aux mariés, il plaide pour la lapidation à mort, au moyen d'un camion à vérin empli de pierres, sous lequel sont placés les accusés, ces derniers étant lavés de tout soupçon si, après trois tonnes et demie de caillasses, ils demeurent encore en vie, et qu'importe si, même innocentés, ils s'en sortent avec des membres cassés et des fractures du crâne, l'essentiel étant de clamer sa pureté, même sérieusement amochée et la gueule de travers. Dans son élan de grandeur, le mollah-ministre, qui visiblement prend plaisir, d'une part, à exciter la troupe qui continue à tourner autour de moi et, d'autre part, à pouvoir la calmer, m'entreprend sur les humanitaires qui œuvrent encore à Kaboul, oui, des agents du christianisme, on en a viré quelques-uns, on a même retrouvé des bibles et des photos de Jésus dans leurs affaires, on a dû brûler quelques livres, mais on sait qu'il en reste, vous vous rendez compte, heureusement que nos hommes de la police religieuse veillent au grain... À ses côtés, quelques têtes s'époumonent, oui, on est tous prêts à mourir pour rabattre le caquet à l'Occident, et autres slogans que j'ai préféré fuir afin de ne pas devenir le cobaye de leurs intentions.

Ces mêmes propos me sont racontés tout un après-midi, mais avec beaucoup plus de raffinement, par des dignitaires afghans dans une petite villa soigneusement gardée de Kaboul. Il y a là deux hauts fonctionnaires des Affaires étrangères, Azim et Massoud, ainsi qu'un ingénieur qui pendant deux heures, après qu'ils ont tiré les rideaux bleus afin qu'on ne les surprenne pas en ma compagnie, face à des trésors de confiseries et de fruits secs, me débitent les secrets de l'âme taliban, qui remet les Afghans dans le droit chemin, qui voile les femmes à bon escient, chasse les impies, jette en prison les voleurs ou les diminue, un coup de machette par-ci, un coup de scalpel par-là, etc. Et Azim, malgré son rang de dignitaire, se lève fréquemment pour voir derrière les rideaux bleus si personne ne nous espionne, comme s'il avait quelque mystère à cacher, et il tourne autour du pot, parle d'exécutions, de la loi coranique, et plus il parle, moins je le crois, il donne l'impression non pas de mentir, mais d'en rajouter pour se persuader lui-même. Azim, qui a trente ans, les yeux rieurs, une main constamment sur le cœur, et Massoud, qui doit en avoir quinze de plus, se regardent de temps à autre, comme s'ils guettaient le signal pour avouer, et l'aveu vient, lentement. Bon, tu es maintenant notre ami, on voulait te dire… Azim qui se relève, écarte un pan de rideau, tu es sûr, tu es venu seul, personne ne t'a suivi, excuse-nous, on finit par prendre de mauvaises habitudes, etc., Azim, debout et inquiet, qui rappelle Saint-Just à la veille de monter sur l'échafaud, lorsqu'il signait encore des bons de décapitation, sans s'apercevoir que la prochaine tête qui roulerait serait la sienne, Azim qui s'inquiète, Azim qui se retourne, bien, venons-en au fait, Azim qui avoue forcément : « Voilà, tu nous procures un visa pour la France, hein, ça te va, on veut émigrer. » Les amis d'Azim le regardent d'un air entendu, oui, il a raison, il vaut mieux se tirer de ce foutu pays, qui n'est même plus un pays, c'est un émirat, c'est l'excuse qu'on donne quand nos rares contacts étrangers nous demandent pourquoi il n'y a pas d'État. Et Azim qui lance, avec un sourire appuyé : On visitera Paris quelques jours et on y restera, tu nous trouveras un boulot, hein, pas vrai, ah oui, c'est sûr, cela va être dur, nous sommes d'abord des intégristes, mais on n'a pas peur, un taliban, vrai ou faux, n'a jamais peur de rien...

J'ai beau abonder dans ce sens, dire à ces talibans de derrière les rideaux qu'il leur sera compliqué d'entamer un voyage vers la France, ils repartent à la charge de plus belle. À force de reconnaître son impuissance à distribuer des visas comme s'il s'agissait de balles de fusil, et à force de recevoir des menaces, le visiteur se voit donc contraint d'entamer un repli, vers les montagnes ou la frontière, ce que je fais sans plus insister.

Vu une vitrine fêlée derrière laquelle abondent des robes de mariée, beiges, ternies par le soleil et le temps. La boutique est vide. Les futures mariées n'achètent plus de robe, ou si peu, et les fêtes sont tristes, et les nostalgies connaissent le refoulement, blessures insondables, et les voiles bleus passent indifférents devant le magasin, sauf une ombre qui détourne un instant la tête, observe une robe et repart en regardant si personne ne l'a vue, comme si elle avait éprouvé un sentiment trouble, un souvenir de nuit de noces, un bonheur antique.

Dans la civilisation de l'islam, le mariage, même lorsque le sentiment en est absent, attribue à la femme son rôle social, son devenir d'être entier. Sur les terres des talibans, il consacre un enfermement à jamais.

À Kaboul en janvier 1842, après la mort d'Alexander Burnes, les Britanniques décident de plier bagage. Ils signent un traité en vitesse, pour sauver la face, et s'avancent en un interminable convoi de plusieurs milliers de soldats, serviteurs, femmes et enfants, vers les cols et les gorges afin de ne pas connaître le même sort que Burnes et Macnaghten, son supérieur, l'officier orientaliste qu'il n'aimait pas et qui a fini lui aussi par se faire massacrer lors d'une petite causerie avec des chefs tribaux, à moins d'un demi-mille de la garnison, apparemment avec les propres pistolets qu'il avait offerts à l'un d'entre eux et juste après qu'il eut déclaré au chef de la garnison, le général Elphinstone, de plus en plus gâteux avec la gloire : « Bien sûr qu'il y a de la trahison dans tout ça ! Mais, plutôt que d'être disgracié, je préfère risquer mille morts. » Des mille morts pressenties, la première fut horrible : on lui découpa la tête, les jambes et les bras, et le tronc de Macnaghten fut suspendu à la vue de tous dans une rue du bazar, pendant que ses membres ensanglantés étaient promenés dans la ville par une foule en délire.

Le général Elphinstone, précisément, n'en mène pas large. Après la mort de Macnaghten, qui enseigne qu'il ne faut jamais laisser traîner son arme près de son ennemi comme près de son ami, il est désemparé et ne sait comment se sortir de cette chausse-trappe. S'il demeure à Kaboul, il sera massacré. S'il fuit, il le sera aussi. Alors autant rester sur place, comme le suggèrent de jeunes officiers, qui estiment que c'est là leur seule chance de survie, même si elle est infime, se battre retranchés derrière les hauts murs de la garnison dans l'attente des renforts. De vieux officiers, aussi paniqués que lui, finissent cependant par convaincre Elphinstone le gâteux de lever le camp, ce qu'il se résout à accepter, l'œil vague. Au moins marcher en colonne permettra-t-il de se tenir chaud.

Au sein de l'immense convoi qui chemine dans la neige, à la sortie de Kaboul, la peur du général Elphinstone gagne peu à peu les autres officiers. Il est incapable de prendre une décision et avoue son désespoir. À la veille du départ, une rumeur a circulé dans la garnison : quand les Britanniques seront loin, tous seront exterminés, sauf un, amputé de quelques membres mais laissé en vie, chargé sur sa monture de colporter la nouvelle, une affichette stipulant que plus jamais les Britanniques ne seront autorisés à revenir en Afghanistan.

Pressée de fuir Kaboul, il va sans dire, précédée de six cents soldats en uniforme rouge du 44e régiment de fantassins et d'une centaine de cavaliers, accompagnée de chameaux portant vivres et munitions, la colonne de seize mille âmes se dirige lentement vers Djalalabad, à quatre-vingts milles de Kaboul.

Sa trace se perd ensuite dans les montagnes. Une semaine plus tard, le guetteur de la garnison britannique de Djalalabad voit apparaître un baudet au loin dans la plaine. Les fantassins pointent leurs armes, mais le guetteur se ravise. Cette allure, ces guenilles ne peuvent être que celles d'un Occidental. On sort une dizaine de longues-vues et on aperçoit un corps ensanglanté qui tient à peine en selle, courbé vers les rênes, errant tel un fantôme. Une escorte se porte à sa rencontre, et l'homme parvient à bredouiller quelques mots : « Je suis le docteur William Brydon, je suis le seul survivant… » Les officiers de la garnison comprennent derechef : la longue colonne qui a évacué Kaboul a été entièrement massacrée, hormis quelques cipayes de l'armée des Indes.

Alité, le docteur Brydon, celui qu'un officier appellera « le messager de la mort », raconte sa folle équipée, les attaques menées par les Afghans dès le départ de Kaboul, les escarmouches, les chevauchées des assaillants qui frappent les flancs de la colonne, ici un coup de sabre, là une décapitation, face à des soldats exténués, des civils aux yeux exorbités, des enfants en pleurs dont la fuite horrifiée s'inscrit en lettres de sang sur la neige des cols et des défilés, épaisse de six pouces. Bientôt, il ne reste plus qu'une seule tente sur le dos des montures et les officiers passent la nuit dehors. On allume des feux avec des vêtements. Le docteur Brydon se pelotonne contre sa monture, engoncé dans une peau de chèvre, et, lorsqu'il se réveille, le spectacle qu'il contemple est celui d'un désastre napoléonien : les soldats indiens et des aides indigènes sont enlacés pour l'éternité dans la plaine de neige, surpris par le froid. Quelques rescapés des tueries et du général Hiver scrutent leurs pieds et constatent avec horreur que les orteils sont gelés. Ils meurent lentement dans le linceul blanc, en silence, trop faibles pour exprimer un râle, abandonnés par la colonne qui reprend son chemin.

Akbar, le nouveau maître de Kaboul, celui qui a trahi les Anglais, veut leur peau. Jamais il ne lâchera prise. Alors, il lance ses hommes dans la tourmente pour sabrer encore un peu plus, et les Britanniques, qui voient disparaître leurs mules une à une, surtout celles qui transportent les petits canons, s'aperçoivent que les attaques jusqu'à présent ne représentaient que le hors-d'œuvre.

La colonne s'étiole tandis que, sous les coups et la peur, les corps tombent mollement dans la neige. Puis Akbar apparaît sur un promontoire. Superbe d'ironie, comme s'il voulait ferrailler encore davantage dans le cœur de sa proie, il lance aux Anglais qu'ils auraient dû attendre son escorte et leur demande d'installer le camp à dix milles de là, avant le col. Hagard et de plus en plus stupide, le général Elphinstone y consent et livre trois otages au souverain afghan. Quand la colonne se remet en route pour s'engager dans le col de Khoord-Kaboul, Elphinstone se rend compte de sa méprise : les cavaliers d'Akbar ont pu gagner les hauteurs et gardent la passe. Il est trop tard : le piège s'est déjà refermé sur le général imbécile et sa troupe endolorie.

Sous le feu des Afghans, trois mille soldats de Sa Majesté s'effondrent, tandis que les autres tentent de franchir une rivière gelée. Sur les hauteurs, le docteur Brydon entend Akbar crier en persan, une langue que comprennent maints officiers britanniques : « Épargnez-les », et ajouter en pachto, la langue de ses combattants : « Pas de quartiers, tuez-les tous ! »

Mais Elphinstone, qui parvient à sortir du piège, veut encore accorder sa confiance à Akbar. Il suit les recommandations de son messager pour succomber à d'autres pièges, alors que ses officiers se perdent dans la tempête de neige. Les deux tiers des civils de la colonne sont morts, et il ne reste plus que sept cent cinquante soldats. Dans une gorge, les Afghans ont construit une gigantesque barricade pour bloquer la colonne et lancer une attaque au petit matin. Mais les Britanniques décident de détruire l'obstacle en pleine nuit, et une gigantesque confusion s'ensuit, une bataille au corps à corps, communion furieuse, entrelacs de bras et de cuisses tailladés, pugilat d'apocalypse, chacun pour soi, plus d'ordre, plus d'officiers, simplement une mêlée. Le docteur Brydon est encerclé. Il veut fuir sur son cheval, mais un Afghan commence à lui balancer des coups de couteau dans le crâne. La presse ce jour-là lui sauve la vie, ce qui tend à prouver que le métier de journaliste a quelque chose de bon : le médecin a placé dans son chapeau un exemplaire du *Blackwood's Magazine* qui le protège des coups. Blessé à la tête mais vaillant, dégoulinant de sang et d'encre d'imprimerie, mélange assez fréquent quand il s'agit de presse magazine, il a le temps de pointer un sabre sur son adversaire, qui perd quelques doigts et s'enfuit en hurlant. Sous le *Blackwood's* rouge, Brydon enfourche sa monture et parvient à franchir la barricade en marchant sur des corps. L'un d'eux bouge encore : c'est un cavalier britannique, mortellement blessé et qui, avant de rendre l'âme, délicatesse suprême d'un désespéré, a la bonté de léguer sa monture sans même laisser le temps au récipiendiaire de lui dire merci.

123

Exténué, Brydon réussit à rejoindre une vingtaine de survivants. Ils trouvent refuge dans un village, et des paysans leur offrent le couvert, avant d'alerter les guerriers dans les collines, qui fondent au galop sur leur proie, l'hospitalité dans cette contrée comprenant le gîte, la pitance, puis la mort. Les autres villageois s'en mêlent, tirent sur les Anglais qui n'ont même pas le temps de saisir leur arme. Brydon, qui décidément a de la chance, arrive à s'enfuir avec quatre compatriotes, lesquels tombent dans une embuscade. Brydon se sauve, mais par trois fois des Afghans l'assaillent sur le chemin. On lui jette des pierres à la tête et le *Blackwood's Magazine* le protège encore mais pas suffisamment – et on peut voir là les limites de la presse magazine par temps de guerre – contre les coups de couteau qui lui entaillent les membres, un bout de peau, un morceau de cuisse. Un peu diminué, voire raccourci, une main entaillée, celle qui lui servait encore à tenir les rênes, Brydon, qui ne veut pas finir comme la chèvre du *buzkachi*, le jeu traditionnel afghan au cours duquel des cavaliers se disputent un animal décapité, s'offre un dernier galop, une cavalcade d'honneur. C'est celle de la rédemption, qui le porte jusqu'à la plaine de Djalalabad où stationne l'armée britannique. Lorsque sa monture s'allonge dans l'écurie de la garnison, elle ferme les yeux et meurt en quelques instants, comme pour signifier dans un murmure d'angoisse que sa mission est désormais accomplie.

Zahir est resté dans la voiture. Il surveille les allées et venues dans la ruelle mais ne sait pas ce que Massoud et Azim m'ont demandé. Je me méfie encore de lui et, à vrai dire, son discours pro-taliban commence à me sortir par les oreilles. Dès que nous serons loin de Kaboul, quand il aura fumé deux ou trois cigarettes de haschich, il me demandera cependant la même chose qu'Azim, alors Paris, quand est-ce que tu m'emmènes ? Et les femmes de chez toi, est-il vrai qu'elles sont belles, aussi belles que les nôtres ? Et, comme pour appuyer ses dires, la voiture, à l'issue d'un défilé, pénètre dans un vallon au fond verdoyant, aux flancs pelés, et nous surprenons plusieurs femmes affairées à se laver dans le torrent, tête nue. Zahir se permet un sifflement, se retourne, désigne l'une des femmes dont les formes sont dessinées par une robe rouge étroite et mouillée, regarde cette poitrine, ce n'est pas beau, et Zahir veut s'arrêter, baragouine qu'il aimerait bien se marier avec la femme en rouge et aux seins moulés dans le coton, qu'il convient d'assimiler à des grenades si l'on en croit *Les Mille et Une Nuits*, et se marier aussi avec les trois autres, c'est permis chez nous, on n'a plus qu'à choisir et à payer, léger laisser-aller qui fait penser au « braconnage amoureux » décortiqué par Malinowski à la fin des années 1920 dans les îles Trobriand du Pacifique, lorsque les garçons s'aventuraient dans des villages éloignés afin de rechercher l'âme sœur et échapper au diktat des parents. Et le rêve érotique de Zahir peu à peu se précise, rappelant les vers du poète Mohammed Belkheir au siècle dernier :

> *Ton sein, œuf de colombe dans une cage rouge perchée dans un bois reposant.*

À cette créature mystérieuse, dont on ignorera toujours si elle nous souriait ou non, Zahir rêve d'offrir un faucon, rappelant les principes de politesse de l'abbesse Juliana Berger au Moyen Âge : « L'aigle pour l'empereur, le gerfaut pour le roi, le faucon pèlerin pour le duc, le faucon émerillon pour la dame, l'autour pour le tenancier, l'épervier pour le prêtre. » Zahir tente sagement d'échapper aux sirènes, mais il n'y a plus d'Orphée en Afghanistan, il n'y a plus d'ami capable de vous aider face à un tel dilemme, comme le poète, fils de la Muse, qui pouvait charmer grâce à sa lyre les hommes, les animaux et les pierres, car la lyre, la musique et le chant sont bannis à jamais. « L'amour emporte mon cœur, dit un poème afghan du siècle dernier, Comme le faucon emporte sa proie. » Puis Zahir, à qui on souhaite le destin de Nastagio degli Onesti, le chevalier de Ravello peint par Botticelli qui parvint à charmer celle qu'il aimait, se ravise, je repasserai, peut-être qu'elle sera encore là, j'irai voir son père et, si ça ne marche pas, je viendrai te voir en France, tu me montreras les monuments et toutes les femmes de Paris.

À Kandahar, lorsque vous empruntez la grande route qui sort de la ville, vous débouchez à gauche sur le stade de football, celui où s'entraîne le champion Ali quand il n'est pas en séjour au Pakistan pour s'endormir devant un poste de télévision et les clips indiens. Le stade, qui dispose de larges gradins au prix de vingt centimes la place, d'un marchand de glaces qui ne valent guère plus cher et d'une pelouse régulièrement arrosée, a été construit par les Nations unies. Mais, le jour de l'inauguration, les employés des Nations unies ont été laissés sur la touche par les talibans. Ils redoutèrent le pire : pas de footballeur à l'horizon, pas de ballon, rien que des gardes armés et une populace convoquée manu militari. Ce jour-là, les talibans ne voulaient pas d'invités. Au lieu d'un match de football, ils ont organisé une exécution. La victime reçut une balle dans la tête alors qu'elle se tenait exactement au milieu de la cage du gardien de but.

Lorsque les Britanniques décident, en 1842, de venger leur défaite et la mort d'Alexander Burnes, ils envoient un corps expéditionnaire vers Kaboul. Le nouveau gouverneur général de l'empire des Indes, cette vieille branche d'Ellenborough, à peine débarqué à Madras, veut marquer le coup. Il est furieux : cet incapable de Macnaghten, ce morveux qui ne sait même pas différencier un bon d'un mauvais whisky écossais, lui a assuré dans une missive, quelques semaines plus tôt, que « tout est sous contrôle ». Au lieu de quoi, il se contente de mourir et d'expédier dans la nasse des milliers de compatriotes et de supplétifs indiens. Tout le dispositif britannique en Asie centrale est ruiné. Et les Russes qui doivent se frotter les mains, fulmine Ellenborough. Et le rusé Akbar, dont les troupes encerclent les forteresses de Djalalabad et de Kandahar, prêtes à déferler sur l'empire des Indes, le joyau de la Couronne... À bord d'un vapeur qui relie Madras à Calcutta, Lord Ellenborough bout d'impatience : c'en est trop, d'autant que le duc de Wellington l'accuse de mollesse. À Londres, les whigs et les tories s'empoignent, les uns incriminant les autres d'avoir envoyé au casse-pipes de vaillantes troupes, un peu trop ramollies par les abus des tropiques, certes, alcool, oisiveté, femmes de toutes vertus, mais vaillantes quand même et désormais héroïques. Dans sa cabine, Ellenborough tape du poing sur la table et décide d'envoyer quelques régiments mater ces bandits afghans. Un bataillon d'Écossais parvient à Djalalabad, au son des cornemuses. Des tribus sont massacrées, tandis que les Écossais chantent : « Oh, mais c'est qu'on a été long à se pointer... » Assez, se ravise Ellenborough, dont le trésor fond à vue d'œil. Mais ses officiers, qui voient sur la route les squelettes des fuyards, les leurs, en redemandent et font du zèle, coupent quelques oreilles à l'excès. On rase deux bourgades, et des agents mettent le feu au bazar de Kaboul. Ce n'est pas suffisant, n'en déplaise à Ellenborough : les officiers ont appris la mort de deux camarades, deux agents notoires du Grand

Jeu, Conolly et Stoddart, aux mains de l'émir de Boukhara, allié des Afghans.

L'émir était un peu énervé : il avait expédié une lettre à la reine Victoria pour lui demander de l'argent et la missive était restée sans réponse. Comment une femme, même si elle règne sur une bonne partie du monde, peut-elle faire poireauter l'émir ? L'attente devient insupportable. L'indifférence pour un roitelet est pire qu'un camouflet. Alors l'émir se venge à sa manière, convoque les deux Anglais, qui jouissaient jusqu'à présent d'une relative liberté, les embastille dans son donjon où pullule la vermine et les expédie quelques jours plus tard sur une grande place, où le peuple en silence s'assemble religieusement. On ordonne aux captifs de creuser deux trous, puis de s'agenouiller. Le colonel Stoddart ne se laisse pas impressionner et crie à la foule le dégoût que lui inspire l'émir, ce tyran de pacotille. Il est aussitôt décapité et sa tête tombe dans la fosse. Le bourreau s'empare ensuite de Conolly et lui souffle à l'oreille que l'émir, dans un élan de bonté, lui accorde la vie sauve s'il renonce au christianisme. Conolly a deux raisons de refuser : c'est un chrétien convaincu et personne ne l'attend en Angleterre, éconduit par la femme qu'il aimait, séduite par un rival, déception amoureuse qui fit dire à ses proches qu'il avait accepté tous les risques et envisagé son grand voyage à Boukhara telle une fuite en avant, comme s'il avait deviné que cette mésaventure sentimentale lui ferait, littéralement, perdre la tête, lui qui pensait être trop vieux pour mourir d'amour. Une gravure victorienne le représente sur le chemin de l'échafaud, la tête enturbannée, avec d'élégantes moustaches, les bras croisés sur son plastron. Il semble murmurer, comme Lord Byron : « *She has departed* » (« Elle est partie »), ainsi que le rapporte Stéphane Mallarmé. Mais il ne perd en rien sa superbe face au boureau : « Le colonel Stoddart a été musulman pendant trois ans et vous l'avez tué ! Je ne me convertirai pas et je suis prêt à mourir. » Il se penche vers la terre comme pour l'embrasser, présente son cou à l'exécuteur, et sa tête se détache d'un coup de sabre bien ajusté pour se figer devant la multitude, les yeux écarquillés, les lèvres légèrement ouvertes, telle une offrande à la mort.

Lorsque les officiers britanniques apprennent la nouvelle, ils laissent leurs hommes se déchaîner aux abords de Kaboul. Dans les villages, les mâles, même les enfants, sont massacrés, tandis que les femmes sont violées par les soudards de la reine Victoria qui n'entendent même plus les pleurs et les râles alentour. On émascule, on énuclée, on éviscère tant que l'on peut, comme un bataillon de bouchers trop longtemps sevrés. Un officier s'insurge, traite ses pairs d'« assassins loués », tandis qu'un aumônier ferme les yeux sur ces représailles, qu'il juge après tout communes à toutes les guerres.

Au train où vont aujourd'hui les destructions et le pillage dans l'Afghanistan des turbans noirs, il ne subsistera plus grand-chose bientôt des vestiges légués par les ancêtres. Le musée de Kaboul a été vidé par des moudjahidine, pressés de revendre les statuettes du Gandhara et les pièces de stuc, puis par les talibans. Quand je demande à des turbans noirs si cela ne leur fait rien de voir le patrimoine afghan ainsi pillé par leurs propres frères, ils prennent une attitude soucieuse, ah oui, c'est embêtant, c'est notre histoire qui s'efface peu à peu, puis ils lèvent les sourcils dans un geste de fatalité, ce qui signifie qu'après tout les vols, les destructions, cela leur fait une belle jambe, et que le pillage demeure une habitude aussi nécessaire que de respirer l'air des montagnes.

C'est exactement ce que l'on ressent lorsque l'on prend la route qui monte vers le musée de Kaboul et que l'on s'arrête devant le palais de Dar Ulaman, l'ancienne résidence du roi à l'orée des hautes collines. Dans les feux du crépuscule, les coupoles et les tours dévoilent ce qui leur reste, des tas de pierres, quelques pans de mur, laissant deviner une belle forteresse, avant que les canons des uns et des autres ne l'aient choisie pour cible, et, au vu des dommages, on imagine que les artilleurs, plus ou moins brutaux, s'en sont donné à cœur joie, visant un pan du toit, une grande porte, un beau balcon. Quand un passant s'approche, alors que je demeure un long moment à contempler ces ruines, il ne peut s'empêcher de me sourire, comme s'il voulait dire que tout cela après tout représente la culture afghane, davantage que le musée de Kaboul à quelques centaines de mètres, vide, hormis quelques pierres, de tous ses trésors. Puis un homme d'une vingtaine d'années qui pédale lentement sur son vélo rouillé surgit au bout de l'avenue, avec sa femme assise en amazone sur le porte-bagages. Humblement, il m'indique qu'il veut faire un détour, comme s'il souhaitait ne pas s'intercaler entre moi et le palais au crépuscule, mais je lui fais signe de continuer son chemin. Lui hésite, moi aussi, il slalome, contourne l'obstacle, de telle sorte que nous finissons par en rire, et sa femme, qui regarde dans l'autre direction, vers les montagnes, ne jette même pas un coup d'œil à cet étranger qui gesticule sur la route devant une ruine, hilare, face à son mari, hilare lui aussi, surpris qu'on puisse s'intéresser à de tels décombres, trous béants dans la façade par lesquels s'engouffre le vent des cimes méridionales.

Du lac de Band-e-Sultan, il faut s'attendre à voir surgir un peu n'importe quoi, des poissons plats, des insectes aux ailes larges, mais aussi des agents secrets, à défaut de faucon afghan, décidément introuvable. Alors que je me promène en fin de journée en compagnie de l'ingénieur Ahmed Shah, celui qui étudia en Roumanie, sur la vieille digue construite par le sultan Mahmud de Ghazni mille ans plus tôt, de grosses pierres humides et grises sur lesquelles se dépose une mousse légère, un homme au crâne rasé se déshabille, du moins enlève sa tunique, s'enroule dans son turban noir converti en maillot de bain, ce qui démontre que le couvre-chef sert non seulement de carte de visite pour un taliban, mais aussi de cache-sexe, et, au grand étonnement de trois autres badauds, des costauds barbus qui semblent deviser sur le sort d'affaires ténébreuses, plonge dans les eaux sombres qui, à cette altitude de deux mille trois cents mètres et des poussières, demeurent glacées en toute saison. Baigné par une lumière douce, le nageur s'emmêle un peu dans son turban qu'il doit rajuster sous peine de finir au poste pour attentat à la pudeur, ce qui souligne tout de même les inconvénients du symbole taliban, s'ébroue comme un héron, sort d'un coup et replonge avec des cris brefs pour se donner du baume au cœur, comme si les sauts successifs le dispensaient des ablutions pour la prière du soir, laquelle ne devrait pas tarder, vu la position du soleil caressant les sommets noirs. L'ingénieur Ahmed Shah se mouche dans un semblant de linge, tandis qu'un gamin de six ans ramasse des douilles de fusil-mitrailleur, ce qui démontre que, même aux abords de barrages de montagne, on ne peut jamais être tranquille en Afghanistan.

Satisfait de ses prouesses, le baigneur finit par s'extirper du bain et se sèche face aux derniers rayons de soleil. Il a vingt-deux ans, étudie à la faculté des ingénieurs de Kaboul, loge dans une chambre misérable de la cité universitaire, un bâtiment glauque et décati à côté duquel les auberges estudiantines de Russie ont l'air de palaces, et vient passer quelques jours de vacances dans la montagne, dans le fief de son père. Comme les études lui laissent beaucoup de temps libre, étant donné le manque de bancs, de livres, de professeurs, bref, le manque de tout, il travaille le soir et la nuit avec les talibans, au quartier général de la police religieuse, pour les épauler dans l'œuvre de répression des gens peu vertueux, vaste tâche, selon les canons en vigueur, qu'il doit accomplir avec autant de fougue que lorsqu'il plonge dans les eaux noires du lac de montagne. Enroulé dans un *patou*, une couverture de laine blanche, qui lui donne brusquement des allures de mollah sentencieux, le nageur-taliban-agent secret, qui s'efforce de ne pas claquer des dents, apparemment pour montrer qu'il est un vrai taliban, semble en fait hésiter sans cesse entre la gestuelle du mollah et la posture d'Arnold Schwarzenegger, roulant des muscles entre deux affirmations sur le bien-fondé de sa mission, qui consiste principalement à patrouiller dans les rues de Kaboul et à ramasser tout ce qui est rétif à la bonne parole des talibans. Patrouiller signifie bouger, mission qui représente un net avantage par rapport à celle des policiers cantonnés dans leur poste, souvent non chauffé l'hiver, ce qui revient à s'exposer à une mort lente si l'on s'endort, tels ces policiers des années 1950 que l'on retrouvait gelés au petit matin. Quand il ne patrouille pas dans les rues endormies de la capitale, Mohammad T. reste au quartier général de la police secrète à rédiger des rapports, « comme ça on sait qui est qui, surtout ceux qu'on a à l'œil ». Ce qui l'excite particulièrement, c'est de pouvoir attraper un toxicomane, un peu comme on va à la chasse au faucon, mais quand on lui demande si lui et les siens sont enclins et autorisés à arrêter les gros bonnets, les caïds de la drogue, il plonge dans une réflexion intense, puis dit : « Ça, c'est un peu plus compliqué. » Et il est certain qu'il s'agit d'une autre paire de manches que de se pencher sur les affaires louches des dignitaires talibans, à commencer par leurs petits et grands trafics de la chose opiacée, opium, « une patrie, une religion, un lien fort et jaloux qui resserre les hommes », disait Pierre Loti, formule taillée sur mesure au pays des turbans noirs, morphine, *brown sugar*, héroïne brute et plus ou moins raffinée. De tout cela, le nageur au crâne rasé préfère ne pas parler.

Ce qui ne l'empêche pas, alors que le soleil se couche, de poser enroulé dans la couverture devant un petit appareil photo gardé au fond de ma poche, instrument qui n'est pas vraiment bienvenu en

Afghanistan, serré aussi fortement que s'il s'agissait d'un trésor ou d'une pièce à conviction. Et face au lac qui offre des reflets bleu sombre, presque verts, un endroit délicieux de jour et plutôt hostile la nuit, bien que peu fréquenté, Mohammad T. nous emmène sur la digue de pierres, celle qui permet de jouir, si ce mot a encore un sens au Talibanistan, de jouir donc d'une jolie vue sur les collines en contrebas, avec ses vallons et ses petits champs qui s'élancent vers la plaine de Ghazni. Le nageur répète qu'avec un peu d'opiniâtreté il pourrait devenir non pas un excellent ingénieur, mais d'abord un excellent agent de la police secrète, à condition de ramener quelques escrocs au poste et de réviser assidûment le Coran, ce qui n'est pas le cas de maints mollahs illettrés, y compris ceux qui tiennent les ministères. Est-il besoin de préciser que l'une des conditions pour que ce rêve s'accomplisse est de se taire sur les combines des chefs ? Et, comme pour souligner qu'être un bon agent de la police secrète ne signifie pas forcément suivre toutes les directives à la ligne, Mohammad T. fait preuve d'audace et d'initiative, après ses plongeons à répétition, et me demande de le prendre à nouveau en photo, juste quelques clichés devant le lac, là, sans ma couverture, attends que je gonfle les muscles, cela me fera un souvenir, tu me l'enverras par la poste, ah oui, c'est vrai, la poste ne marche plus, ce n'est pas grave, on trouvera un autre moyen, notre émirat est un peu pauvre, mais il a plein de ressources.

Le même Mohammad T. écrira deux mois plus tard à son cher ami « Olivia » à Paris, « la meilleure fiancée de toutes les villes du monde », pour lui annoncer que la situation est encore pire que lors de mon passage, sans que je puisse y voir une relation de cause à effet, et cela même pour un agent de la police secrète, et, tout honorable agent qu'il soit, une forte somme d'argent serait de ma part une excellente preuve de soutien non à sa cause, mais à son moral qui, par ailleurs, demeure au beau fixe.

Lorsqu'ils tentèrent de conquérir l'Afghanistan au siècle dernier, les Britanniques ne se contentèrent pas de viser les Afghans au fusil Enfield, ils descendirent également nombre de faucons, ce qui explique sans doute pourquoi il en reste si peu. En 1836, l'officier G. T. Vigne s'arrêta à Ghazni, en route pour Kaboul, afin de rendre visite au roi Dost Mohammad, à la cour duquel on buvait un excellent vin. Vigne tua ainsi un faucon de seize pouces de longueur et quatre-vingt-dix centimètres de large, aux yeux noirs et à la tête blanc et rougeâtre, avec des traces de marron. Ses ailes claires étaient striées de noir, la queue présentait des mélanges de couleurs, brun, rouge, blanc, et les pattes étaient jaunes. Avant de tirer, Vigne avait été impressionné par le cri du rapace qui fondait sur une proie, puis l'avait brusquement et contre toute attente dédaigné, comme si le cri était destiné à effrayer, rien de plus.

Après son méfait, Vigne se dirigea précisément vers le lac Band-e-Sultan, au-delà d'une gorge étroite et de bâtisses en forme de forteresse, et découvrit, huit cents ans après le sultan Mahmud, un barrage en bien mauvais état, avec une retenue ridicule en raison de l'état des digues aux portes abîmées. Vigne aperçut des garçons s'amusant à pêcher dans le torrent qui s'échappait du barrage. Hormis l'absence des faucons, rien n'a changé dans le coin depuis la visite de Vigne, ni les forteresses, ni les bandits, ni la propension des habitants à vous inviter dans leur antre ou à vous balancer des pierres, si ce n'est que l'on aperçoit moins de pêcheurs, bien que cette activité ne soit pas encore déclarée répréhensible par les maîtres de l'endroit, mais où l'on voit en revanche surgir des eaux un agent secret s'entraînant au saut carpé ou de l'ange.

En l'an 1001, à moins que ce ne soit un an plus tôt, sur ce point les historiens demeurent partagés, Mahmud le Ghaznévide lorgne l'Inde, cette baronnie de l'incroyance, en contrebas de son fief, gage de sa prochaine gloire éternelle. Ambitieux, apte au commandement, capable de rudesse et de diplomatie avec son entourage, il règne sur un royaume de cailloux et de rocs, décor de misère, alors que s'étale à quelques jours de cheval un empire d'ors et de pierres précieuses. Fils d'un ancien esclave capturé à douze ans qui fonda la dynastie des Ghaznévides, il vient de soumettre un rival, son propre frère Ismaël, et, magnanime, lui laisse le choix : un petit trône, c'est-à-dire un petit royaume, vassal obligé du vainqueur, ou la prison. Ismaël, entêté, choisit la seconde solution et croupit le restant de ses jours dans une geôle infâme, tribut d'une querelle fratricide qui inspirera le fils de Mahmud, lequel ordonna à un sbire d'aveugler son frère jumeau Mohammad, ce qui n'empêchera pas celui-ci de devenir sultan, acclamé par des troupes en révolte qui désiraient avant tout se partager le trésor du roi déchu.

Tout cela n'est pas assez pour le sultan Mahmud. Impatient, il devance Diderot – « l'or est tout et le reste, sans or, n'est rien » –, monte une armée de dix mille cavaliers et abandonne son désert minéral. Sa soldatesque, bien qu'un peu rustre, est fière, certaine de mener une guerre juste et sainte, chevaux bondissant comme dans un tableau d'Uccello. En chemin, les soldats entreprennent quelques razzias, coupent d'innombrables têtes, moulinets de sabres qui engourdissent leurs bras. Mahmud jubile, enfin une bataille à sa mesure, mais guère longtemps.

En face surgissent les troupes indiennes qui se sont préparées au choc. Le roi Jaipal attend le conquérant avec trois fois plus d'hommes, douze mille chevaux et trois cents éléphants. Misère ! s'écrie Mahmud, qui pourtant ne se laisse pas impressionner. Il apprend que maints soldats ennemis sont des combattants d'occasion. Au début de l'hiver, Mahmud lance ses troupes dans une vaste plaine. Exhortés par leur empereur, les cavaliers enfoncent les lignes indiennes. Terrorisé, Jaipal assiste, impuissant, à l'hécatombe. Il finit prisonnier avec quinze de ses lieutenants. Mahmud le laisse filer en échange d'un lourd tribut, soit deux cent cinquante mille dinars et vingt-cinq éléphants, et un engagement d'abdication en faveur de son fils. Cette vie sauve est une injure au perdant indien, une honte qui est pire qu'une promesse de mort. Jaipal rentre à Lahore la tête basse. Il lègue sa couronne à son fils, ordonne que l'on érige un bûcher funéraire, l'allume de ses propres mains, s'avance vers le bois qui jette ses volutes brûlantes vers les cieux et périt dans les flammes.

Mahmud continue son avancée en Inde. Mais un prince indien rue dans les brancards et s'enferme dans une forteresse, à l'orient de l'Indus.

Tout est à reprendre. Mahmud lance une nouvelle armée sur le frondeur, qui ferraille durement face à de braves soldats connaissant cette fois les moindres secrets de l'art de la guerre. Cependant, la troupe de Mahmud, malgré de sérieux revers, parvient à leur faire mordre la poussière. Cerné par les ennemis, abandonné de ses hommes, le vaincu d'un coup de sabre se suicide, comme il se doit désormais face à Mahmud le tout-puissant.

Celui-ci rit de sa gloire. Enfin, il peut prétendre à un titre d'empereur ! Que l'on m'apporte des esclaves, des trésors, des palais ! Et on lui apporte des esclaves, des trésors, des palais, des femmes aussi, belles comme le jour, qui font les délices de sa cour.

La voie est libre. Un peu ivre par la gloire qui l'attend, repu déjà de tributs et de massacres, Mahmud, qui se sent une âme de prophète, prêche à tire-larigot, ordonne l'érection d'une nuée de mosquées, force les demi-souverains indiens, nouveaux satrapes, à embrasser la religion musulmane – certains roitelets font mine d'accepter – et augmente les impôts. Lorsque le roi du Pendjab s'insurge, Mahmud lui envoie ses cavaliers, qui dardent de flèches l'éléphant du monarque, piqûres d'insectes qui contraignent pourtant le pachyderme à prendre la fuite, entraînant dans son sillage toutes les troupes indiennes. Mahmud les poursuit de ses régiments de soudards deux jours durant et fait occire huit mille soldats indiens, ce qui place l'irascible souverain en tête de liste des tueurs pour fraude fiscale. De cette bataille, Mahmud rapporte des fortunes de pacha, extirpées d'une forteresse où elles étaient enfermées depuis des générations : étoffes délicates, pierres précieuses à la tonne, diamants, perles, rubis, corail, bijoux, trône en or. En chemin, Mahmud ordonne à ses soldats de piller les images des divinités hindouistes pour les détruire lors de son retour triomphal à Ghazni. Lorsqu'il entre dans sa ville, en 1019, Mahmud ramène dans ses bagages des dizaines de milliers d'esclaves, prestement revendus sur tous les marchés d'Orient, et une réputation de féroce combattant qui nourrira longtemps la verve de ses descendants, et jusqu'aux Ottomans devant les portes de Constantinople quatre siècles plus tard.

Ombrageux, Mahmud le victorieux ne tolère que la soumission totale, la vénération parfaite, comme s'il était le représentant de Dieu sur terre. Aux rajahs, il demande le prix du sang, un auriculaire coupé en échange de la sérénité, de sa protection glorieuse, et de menus présents – une monture harnachée, une tenue d'apparat, un turban de soie et une bague concoctée par les artisans de la cour. En retour, l'un des rajahs lui donne deux cadeaux fabuleux, dignes de la Toison d'or, une pierre qui guérit les blessures et un oiseau qui repère les plats empoisonnés, trésors indispensables pour tout potentat qui se respecte et se soucie de son avenir. Mahmud est un fétichiste, il garde les reliques de ses princes, petits bouts de doigt, somme de phalanges royales, appendices de la résignation, extrémités du renoncement. Lorsque l'amputation de l'auriculaire ne suffit pas, lorsque la promesse de soumission n'est pas respectée, Mahmud coupe plus haut et ordonne la décollation.

Vers la fin de sa vie, après trente ans de règne, Mahmud, qui est devenu, à force de magnificence et de têtes coupées, l'un des plus grands sultans du monde des croyants, l'égal du calife de Bagdad, entouré d'une cour de quatre cents poètes, errant dans un palais de légende au côté de ses femmes, favorites, lynx, éléphants royaux et panthères, Mahmud s'offre encore quelques petites expéditions punitives, certaines à trois mois de marche de Ghazni, histoire de maintenir son prestige et la dextérité de sa troupe qui, dès qu'elle est privée de massacres, commence à ruer dans les brancards. L'une de ces excursions vise un fabuleux temple hindou entretenu par mille brahmanes qui lui résistent depuis deux ans, dans la ville de Somnath, au-delà du désert de Thar, au bord de la mer. Le culte du temple de Somnath a engendré au cours des siècles de somptueuses richesses. Trois cents musiciens jouent de leur instrument chaque jour afin de bercer les oreilles du pèlerin fatigué. Des nuées de domestiques balaient sans répit les abords du temple, tandis qu'approchent les croyants émerveillés, pressés de caresser le lingam, la statue phallique que l'on abreuve d'eau sacrée, celle du Gange, convoyée par des coursiers et serviteurs fidèles.

Cette ferveur hindoue agace prodigieusement Mahmud. Il veut renverser l'idole phallique autant que piller les trésors accumulés sur ces plages de sable. Sa guerre est sainte, son combat, iconoclaste. Il entend ferrailler pour la plus grande gloire d'Allah. Après deux jours de féroces combats, Mahmud brise la résistance des hindouistes et fait massacrer cinquante mille fidèles rassemblés dans le sanctuaire dont certains prient en pleurant, près de la plage, en attendant l'hallali. Ceux qui parviennent à s'enfuir en mer sur des embarcations de fortune sont rattrapés par les musulmans et égorgés dans une eau déjà rouge de sang. Terriblement revanchard, Mahmud brise le symbole de cette félonie, le lingam, l'objet de la virilité, la pierre qui dévoile les atours du mâle, y compris au regard plus ou moins amusé des femmes. Que cette infamie soit réduite en poussière, que cette débauche minérale vole en éclats ! Et le lingam succombe en même temps que les derniers hindous aux coups des assaillants, qui mêlent les morceaux de pierre aux membres, virils ou non, des massacrés, dans une orgie grenat censée laver l'affront de la débauche.

La route de Ghazni avec ses monceaux de poussière, la route de Ghazni avec ses camions qui roulent à quelques kilomètres à l'heure, chauffeurs hilares, passagers juchés sur les marchandises, la bouche et le nez protégés par le turban rabattu, la route de Ghazni avec ses escales impromptues, ici une panne de batterie, là un manque d'eau, et Zahir qui sourit dans la jeep cahotant prête à rendre l'âme à tout instant. Un garçon pédale comme un forcené sur sa bicyclette aux pneus aplatis. Sur son maillot de corps troué, il porte une inscription inattendue : « L'amour est plus fort que la guerre. » Les talibans que je croise ne doivent pas comprendre l'anglais. Sur l'une de leurs jeeps japonaises, on peut lire : « J'aime la beauté noire. »

Le lendemain, nous nous levons à l'aube, comme d'habitude. Zahir s'est réveillé encore plus tôt, a roulé son matelas au coin de la vaste chambre d'hôte et s'est livré à une série d'exercices dans la fraîcheur matinale, sauts sur place, pompes, élongations, guère essoufflé par l'altitude encore élevée, exercices qui lui permettent de mieux somnoler au cours de la journée et de justifier cette somnolence sitôt que Fereydoun, le chauffeur, un petit homme nerveux dont la versatilité n'est calmée que par des repas copieux, met en route sa vieille jeep, qui lâche quelques boulons à chaque passage de col.

Alors que je regarde un campement de nomades kuchis à flanc de montagne, hommes ambulants qui fuient la sécheresse du Sud, Zahir désigne au loin des tourbillons de sable. Les voiles jaunes s'élèvent et s'abattent sur les hauts plateaux désertiques tel un caprice de petits grains. Ils soulèvent les jupes des femmes nomades comme s'ils haïssaient les talibans, font plier les hommes, affolent les chameaux.

— Tu sais comment on appelle ça chez nous ? demande Zahir, qui est brusquement sorti de sa torpeur. *Diperaniu karwan*, des caravanes de djinns.

Peu à peu les tourbillons, spirales d'une brume volatile, se sont transformés en tempête de sable, et Fereydoun, à chaque heure davantage tendu, s'inquiète pour sa voiture déglinguée qui n'avait pas besoin de ça.

On s'arrête dans une petite bourgade, dans un *tchaïkhana*, une maison de thé à trente centimes la théière qui fleure bon les confiseries. Le préposé aux grillades a éteint son brasier et rentré ses brochettes, un peu trop imprégnées de sable à défaut d'épices. Zahir est de plus en plus joyeux, comme si la tempête ravivait son esprit. Dans la rue, maintes échoppes qui ferment leurs portes. Avant que les volets se rabattent, j'ai le temps de dénombrer :

— huile de moteur américain,

— chaussettes de Taiwan,
— shampooing des pays du Golfe,
— joints de camion,
— ballons de football,
— pacotille de Chine,
— épices rouges et jaunes,
— riz,
— sandales en plastique,
— nécessaire pour réparer les vélos.

Quand nous repartons, Fereydoun repu et rassuré, la tempête s'est éloignée. Elle finit par nous rattraper telle une troupe insatiable, prompte à la razzia. La caravane de djinns est tenace – les djinns, « l'haleine de la nuit » (Victor Hugo) –, et Zahir hilare. Je ne peux m'empêcher d'assimiler les génies des sables aux talibans, ce qui n'offusque guère Zahir, ravi de ce divertissement.

— Il y a les bons et les mauvais djinns ! crie-t-il.
— Ah bon ? Alors on va peut-être se faire attaquer.
— Par les mauvais djinns uniquement. Des mauvais talibans !

Et Zahir, après une cigarette de haschich dont les cendres s'éparpillent dans l'habitacle, replonge dans sa torpeur de voyageur afghan. Il rêve à voix haute d'une bonne séance de musculation, car un bon taliban est un taliban musclé, qui sait se défendre. Promis, me dit-il, je te montrerai nos salles spéciales de body-building à Kaboul, rien n'a changé, on a simplement enlevé les affiches de femmes sportives et d'Arnold Schwarzenegger.

Hormis les tempêtes de sable, on dénote trois sortes d'êtres surnaturels en Afghanistan : les djinns, « ces impurs démons des soirs » que l'on retrouve dans les *Orientales*, les *urwahs* (esprit des morts) et les *paries* et *dayoos* (fées et géants). Quand une mère sent qu'un djinn s'approche de sa maison, elle tente de l'amadouer en déposant une assiette de nourriture près de sa demeure, étant donné que les djinns sont redoutés pour leur pouvoir à « jeter de l'ombre » sur les êtres, ce qui n'est jamais agréable puisque s'ensuit un dérangement mental plus ou moins profond. Je me demande à ce moment précis de la route, près des montagnes de Qalat, dans une atmosphère de plus en plus poussiéreuse qui entraîne les particules jusque dans le fond de vos poches, de vos sacs, des sacs enfermés dans d'autres sacs, avec l'assurance d'agents secrets talibans déboulant dans votre chambre, si bien que rien ne semble résister à l'inquisition de la terre afghane en suspension, je me demande ce que peuvent bien me vouloir ces tempêtes de sable intermittentes, ces caravanes de djinns de plus en plus insistantes, alors que Zahir s'affirme à la fois comme un compagnon attachant et un jeteur de sort énervant, à force de fatalisme et de défense de la cause taliban. Peut-être est-ce l'effet néfaste des djinns, à moins que ce ne soit la longueur du voyage, ou encore les pannes répétées.

En dix heures de route à travers le désert des hauts plateaux, où l'on croise des chameaux vivants et des chameaux morts, des nomades affamés et d'autres puissants, à la tête de centaines de bêtes, « plus riches que nos ministres, persifle Zahir, et je pèse mes mots, quand on voit ce que gagnent nos chefs », j'ai noté six ennuis mécaniques – radiateur qui fuit, batterie déchargée, marchepied qui se décroche et traîne à terre, démarreur qui rend l'âme, etc. –, autant de pannes ou de soucis qui nous forcent à nous pencher sur le moteur après différents diagnostics plus ou moins faux et à pousser l'engin qui a l'indélicatesse de tomber en rade dans des méplats et loin de toute pente. Alors, nous nous lançons respectivement dans des théories sur l'origine de la panne, Zahir, le chauffeur Fereydoun et moi, le nez dans le cambouis, pestant contre la caisse à outils maigrelette, les chauffeurs de camion qui ne s'arrêtent guère et nous lèguent des rideaux lourds de poussière, et la dureté du soleil qui rend les gestes lents et les pensées lourdes. Tout taliban qu'il soit, Zahir n'arrive pas à impressionner avec son turban noir les taxis jaune et blanc en route vers Kaboul et qui se moquent comme de leur première crevaison de ces diablotins gesticulant au bord de la piste. Je parviens cependant à le convaincre de se placer à côté de moi en plein milieu de la chaussée, pour forcer finalement un conducteur à s'arrêter, lequel est par chance mécanicien de son état et réussit à réparer une énième panne, due au circuit électrique défaillant, grâce à un canif et un fil de cuivre que tout conducteur se doit de porter sur lui en Afghanistan. Fereydoun, lui, est de plus en plus soucieux. Son perfectionnement *in situ* en mécanique lui permet de comprendre ce que nous avions saisi dès le premier instant de route, à savoir que sa jeep est prête à agoniser à tout instant. Et ce n'est pas tant le sort de la carcasse de tôle qui l'inquiète que le sien, car le propriétaire de la jeep n'est autre que son futur beau-père, qui lui a expliqué grosso modo que, s'il ramenait de notre expédition une épave, ce qui était déjà son état au départ, il le désavouerait et confierait sa fille à un gaillard autrement plus respectueux de la chose automobile. À voir Fereydoun suer sang et eau sur le moteur à moitié ouvert, je perçois mieux ses angoisses, tandis que Zahir s'évertue à mélanger louanges et contestation à l'égard du régime des talibans.

Au fur et à mesure du voyage et à longueur de pannes, qui sont un excellent moyen non seulement de lier connaissance, mais aussi de révéler grandeurs et faiblesses des victimes, Zahir me confie qu'il n'a que faire de ces maîtres à penser, même s'il y a du bon en eux, pour aussitôt se reprendre en déclarant que les moines-soldats sont une chance à la fois pour l'Afghanistan et pour l'humanité.

À ce moment précis, alors que Fereydoun s'affaire sur la culasse et croit pouvoir reconquérir l'estime de son patron, donc la main de sa fille, Zahir m'explique que les djinns, lorsqu'ils jettent leur dévolu sur une personne, peuvent s'emparer de leur âme, les posséder – « Cris de l'enfer ! voix qui hurle et qui pleure ! L'horrible essaim, poussé par l'aquilon. Sans doute, ô ciel ! s'abat sur ma demeure » – et que seuls les *sayeds*, les descendants du prophète Mahomet, « que la paix soit sur lui », sont épargnés de cette emprise, les djinns leur devant même le respect. Les djinns se révèlent particulièrement entreprenants vis-à-vis de leur proie bien-aimée lors des jeudis, la nuit, et quelquefois en plein jour, surtout en ce qui concerne les jeunes et belles femmes. Quelquefois, les malheureuses possédées entrent dans une danse infernale et jettent leur voile, ce qui semble intéresser Zahir, soucieux de voir de temps à autre ce que cachent ces prisons de coton, ces citadelles de solitude et d'angoisses contenues. La famille se rend alors chez le mollah, lequel demeure bien souvent

149

impuissant, que l'insouciance soit avec lui, et préfère attendre que le péril s'éloigne de lui-même. Ce qui entraîne certaines femmes à tenter d'impressionner leur mari ou des talibans rustres à leur égard en simulant la possession, démonstration qui n'est pas toujours une mince affaire mais qui pour certaines, peut-être trop soumises au pouvoir des turbans noirs, relève d'une démarche tout à fait naturelle.

Pour les *urwahs*, l'esprit des morts, il s'agit d'une autre paire de manches, plus compliquée. Si les génies de l'au-delà ne peuvent réussir à tuer quelqu'un, ils parviennent toutefois non seulement à le rendre fou, mais aussi à le dissoudre littéralement à petit feu. On peut rencontrer un *urwah* dans un arbre, une ruine, une voiture même, et peut-être dans celle de Fereydoun qui a l'air bien possédée, insensible aux coups de clé à molette que l'on prodigue. L'esprit des morts parvient également à surprendre le voyageur en se déguisant en lapin, mouton, chat, blanc ou noir, animal interdit de séjour auprès des puits afin de ne pas troubler la sérénité des vivants.

Près du square Ghazni à Kaboul, sous la colline Asamaï haute de deux mille cent dix mètres où viennent mourir les remparts de la ville, on découvre une librairie qui a survécu à tous les périls afghans, à force de contorsions de son propriétaire, Shah M., lequel est toujours parvenu à s'entendre avec les maîtres de la ville, un peu de littérature marxiste par-ci, promptement enlevée des rayons quand le dirigeant communiste Najibullah a commencé à parler d'islam, un peu de livres saints par-là, un peu ou énormément, en fonction des arrivages de mollahs au regard sourcilleux, ces mollahs conservateurs qui déjà intriguèrent Ella Maillart en 1939 lorsqu'elle observa les zélotes à la recherche du moindre blasphème ou écart de conduite, de telle sorte qu'aujourd'hui on trouve non seulement de nombreux textes exégétiques du Coran mais aussi des revues savantes importées à grands frais du Pakistan, des biographies insolites, des ouvrages sur la médecine et l'architecture, et même des récits de voyages qui datent du temps de « la route », celle qu'empruntèrent les *freaks* et les hippies en lent cheminement vers Katmandou, bataillons de routards avec gilets en peau de chèvre de Ghazni, berceau de cette mode, et pipes de haschich en poche, ces voyageurs fauchés et baba cool, expression qui suscite le sourire de Zahir, cool, je veux bien, et encore, ils faisaient même fumer leurs enfants sur la place de Kaboul, mais baba, ici, tu comprends, ça fait un peu vieux, ça veut dire ancêtre, et puis ces gens-là, on ne les aimait pas, on les détestait même, ils essayaient de nous imiter, et ils n'y arrivaient vraiment pas. Au-delà du rayon d'ouvrages consacrés à l'islam radical, des garçons en longue tunique cherchent des livres sur l'anatomie, soit par intérêt pour la médecine, soit par curiosité, afin de dégoter dans ces pages un peu abîmées, salies par des armées de doigts fébriles, quelque dessin représentant le corps humain, en squelette, en écorché, ou en entier, et de s'informer sur les secrets de la morphologie féminine, lorsque les maîtres censeurs, qui, pour la plupart, ne savent pas lire mais comprennent ce que signifie un dessin, ont laissé échapper une impudique illustration.

Voilà pourquoi, dans les rares librairies de Kaboul, on trouve un certain nombre d'étudiants en médecine, qualité qui sert d'argument imparable pour répondre aux questions inquisitrices des agents de la Vertu mandés par les mollahs, la définition de la médecine représentant un champ assez vaste dans ce pays où, il est vrai, beaucoup de combattants se sont improvisés chirurgiens, où une flopée d'infirmiers s'est fait la main sur des corps un peu esquintés et où les besoins en thérapie pour neurasthénie, dépression et folie, voire allergie aux talibans, ce qui revient souvent au même, sont incommensurables. Ces faux et vrais carabins enfiévrés sont devenus habiles dans l'art de répondre aux questions mais aussi dans l'art de dissimuler leur émotion à la vue des planches de mauvaises vertus, celles qui pourraient donner de basses idées, de telle sorte qu'il règne dans la librairie à la fois une ambiance délétère, empreinte d'émotion, voire d'excitation, et une atmosphère de conspirateurs. Les livres de médecine étant aux adolescents afghans ce que sont les catalogues de sous-vêtements féminins et les revues de type *Playboy* à leurs homologues du Vieux Monde, l'apprentissage de l'anatomie du sexe voilé entre les rayons des librairies permet aussi un échauffement avant la « sortie en ville », la chasse aux vidéo importées clandestinement d'Inde, au plus grand péril du passeur et du spectateur, prêt à payer un prix d'or pour voir un film de Bombay avec des danseuses aux pas rapides et aux gestes tendres face à un sauveur qui vient d'anéantir, sous le regard de Krishna, une escouade de redoutables bandits armés jusqu'aux dents et à la mine patibulaire, personnages malsains que de plus en plus de spectateurs, malgré la trouille au ventre, assimilent aux talibans. Lesquels talibans, s'ils avaient la curiosité de fouiller dans les livres religieux, entreprise qui est loin d'être évidente pour les adeptes de la pureté affairés à balancer des coups de trique dans les rues, pourraient découvrir qu'Aïcha, la favorite du prophète Mahomet, n'hésitait pas à prononcer des phrases licencieuses, à prôner le péché d'Onan, broder sur des songes érotiques, décrire les envolées sentimentales à la veille de la menstruation, autant de propos qui permirent de codifier les rituels de purification avant la prière, toutes choses démontrant la place accordée par l'islam à la femme avant que les turbans noirs, émules de la dictature des âmes, accouchassent d'une autre exégèse du Coran.

En cherchant bien dans les rayons de Shah M., on trouve aussi de vieux livres anglais, tels *Narration de la guerre en Afghanistan en 1838-1839*, par le capitaine Henry Lovelock, publié en 1840, ou *Le Héros de Herat, Une biographie sous forme romancée*, par Maud Diver, parue en 1912. Tous ces ouvrages sentent le parchemin et sont souvent dévorés par les vers, des censeurs aussi sûrs que les talibans qui ont la malignité de percer là où il faut, coupant un adjectif, la moitié d'une phrase, disséquant les chapitres avec l'assurance de ciseaux hasardeux, alliés redoutables des mollahs sourcilleux, et sans doute encore plus efficaces, qui permettent aussi d'engendrer une réplique tout appropriée pour Shah M., lequel ne doit pas recevoir des clients étrangers tous les jours : « Prix spécial, mon ami, prix spécial. » Le prix spécial ne donne certes pas la possibilité de raccommoder les passages dévorés mais encourage tout de même l'acheteur à se jeter dans l'histoire oubliée du pays et de découvrir que l'amour, en plus de la guerre, est une maladie décidément tenace depuis des générations, maladie que le scalpel ou le sabre des maîtres n'ont pu éradiquer. Un ancien professeur, sage d'entre les sages, a pu ainsi léguer à la postérité la relation des *landays* (« brefs »), poèmes en deux vers libres de neuf et treize syllabes qui évoquent l'amour, des liaisons malheureuses, des passions perdues, l'honneur et la bravoure sur les champs de bataille. Dans ces distiques, on retrouve toute la geste afghane, colportée souvent par les femmes, dont Malalaï, qui s'illustra comme une pasionaria lors de l'épisode de la bataille contre les *chevelure au vent –*, avait fini par devenir gênant pour les islamistes, qui dépêchèrent quelques sbires afin de l'exécuter dans sa maison, par une fin d'après-midi moite et automnale, alors qu'il travaillait à un nouveau livre, *Le Rire des amants*, dans lequel il était question d'amours, de baisers volés, de tendresses au bord de la rivière, de traditions abhorrées, de sentiments enfouis sous le voile et autres choses très dangereuses dans les montagnes afghanes, et alors qu'il relisait précisément, pendant que s'annonçait la brise du soir, le chapitre consacré à la mort qui frappe tôt ou tard à votre porte.

La jeep s'élève péniblement vers les hauteurs du Hazaradjat. Champs d'altitude d'un vert printemps, torrents qui sabrent les villages en deux, vaches qui tirent des paysans hauts comme trois pommes juchés sur de vieux socs rouillés. Au fur et à mesure que nous nous éloignons de la province de Ghazni, je constate deux phénomènes qui apparemment semblent liés : la température s'abaisse et l'humeur de Zahir aussi, sans que je puisse savoir si ce dernier élément résulte de la difficulté pour mon compagnon, que j'assimile de plus en plus à un faux taliban, à dégoter du haschich. Je devine que, pour Zahir, la piste vers les sommets du Hazaradjat, le fief des chiites aux yeux bridés d'origine mongole, ne ressemble pas à la voie qui mène aux paradis artificiels. Il a retrouvé les airs impérieux que je lui connaissais à Kaboul, le sourcil haut, un port de tête altier, comme pour en imposer, oui, je suis taliban, avis aux Hazara.

troupes britanniques, quand le docteur Brydon réussit à porter la nouvelle du massacre au fort de Djalalabad.

Tel un conteur ancestral, l'ancien professeur a couché sur le papier tout un pan de cette épopée orale, traduite par André Velter, poèmes qui représentent autant de littérature subversive au pays des talibans, pour peu que les maîtres censeurs parviennent à les repérer dans les rayons d'une librairie en une langue autre que le pachto, subversive car chantée par des femmes enamourées.

Hier soir, j'étais près de mon amant, ô veillée d'amour qui ne reviendra plus !
Comme un grelot, avec tous mes bijoux, je tintais dans ses bras jusqu'au fond de la nuit.
J'aime, j'aime. Je ne le cache pas ? Je ne le nie pas.
Même si l'on m'arrache au couteau pour cela tous mes grains de beauté.

L'ancien professeur qui avait rassemblé ces poèmes s'appelait Sayed Bahuddine Majrouh, parlait un excellent français et avait obtenu son doctorat en philosophie à Montpellier, ville où avait séjourné le roi Zaher Chah. Il vivait en exil à Peshawar, au Pakistan, et avait intitulé son recueil *Le Suicide et le chant*. « Sans doute avait-il l'insolence trop joyeuse de ceux qui savent à la fois penser, agir et transmuer les ténèbres », a écrit André Velter. Son ami afghan, qui, comme un esprit libre, voire libertin, et en amoureux des Lumières, chantait la femme afghane – *Demain les affamés de mes amours seront satisfaits / Car je veux traverser le village à visage découvert et*

En fait, et alors que l'obscurité à la nuit tombante dessine de ténébreux contours sur les murs de pisé, devant une kyrielle d'ombres enveloppées dans des couvertures plus ou moins claires et précédées par des lampes à pétrole qui ressemblent à autant de lumières de djinns tremblant dans l'atmosphère ouatée, Zahir n'est guère rassuré. Lorsque Fereydoun s'arrête pour refroidir le moteur, le taliban n'a qu'une envie, remonter dans la jeep et foncer vers le premier poste tenu par ses congénères. « Tu sais, les Hazara, ce sont des gens cruels... » Zahir n'a que ce mot à la bouche et il redoute que son intrusion dans leur fief, même sous la coupe des talibans, ne soit considérée comme un acte de guerre, un peu comme les faucons pèlerins à la vue d'un intrus. Cruels, oui, poursuit Zahir, ils découpaient les vivants pendant le djihad, oui, ils se prenaient un bout de bras, un bout d'oreille, ils aiment ça, c'est dans leurs veines depuis Gengis Khan, ils ne peuvent pas s'en empêcher. Il fait frais, l'eau du torrent qui traverse le village où nous nous arrêtons et dans lequel Fereydoun plonge son bidon en plastique, lequel fuit de partout, est glaciale, et deux petites lumières dansent au loin, lampions d'une auberge ou d'une épicerie encore ouverte alors que le ciel se fait noir. J'ai l'estomac dans les talons et j'invite Zahir à prendre un plat. Il fuse aussitôt, mais tu plaisantes, tu veux finir comme le ragoût de mouton et te faire couper en morceaux, ou quoi ? Cependant, le péril concerne davantage les talibans que le *ferendji*, l'étranger, car si l'on pardonne au dernier d'avoir semé un peu le bordel dans le pays autrefois, on ne saurait tolérer que les premiers vivent encore dans les parages et s'arrogent le droit de gouverner ce fief chiite, de planter leur drapeau dans les montagnes du Hazaradjat, ou du moins une partie, et de crier sur tous les toits, surtout ceux des mosquées, que les femmes hazara désormais doivent être voilées, ce qui n'est franchement pas une habitude dans la contrée, et représente encore moins un geste pour se faire aimer. Mais tout cela, amputations, lapidations, flagellations, bastonnades et autres procédés plus ou moins raffinés, est justifié par Zahir, car le petit peuple aux yeux bridés se révèle cruel.

Le soir envahit l'habitacle et la jeep cahote sur la piste de montagne, cinglant vers des sommets de cruauté. La neige se devine au loin et la nuit dépose sur le royaume des barbares aux yeux bridés une mante de brume. Quand Zahir aperçoit un drapeau blanc qui claque au vent sur le toit d'une guérite de talibans à moitié écroulée – qu'importe que le tissu soit déchiré –, il respire enfin, comme s'il revenait d'un long voyage et regagnait le berceau de la civilisation. Là-bas, dit-il, on peut dormir. Ses vapeurs éthérées semblent avoir disparu. Il est plus lucide que jamais et redoute encore davantage le monde qui l'entoure, sûrement peuplé de génies malfaisants.

Les caravanes de djinns nous poursuivent, pense Zahir, engoncé dans son *patou* et le turban mieux vissé que d'habitude sur le crâne. Il peste contre la jeep qui ahane désormais, souffrant du mal d'altitude. Fereydoun n'est pas heureux, non en raison de l'environnement cruel mais par crainte de perdre la main de sa bien-aimée, tandis que Zahir ne se réconforte que face à un plat de pilaf, du riz frit accompagné de mouton qu'apportent trois serveurs en guenilles, des Hazara, mais ceux-là sont des nôtres, dit Zahir. Les talibans du poste ne nous ont pas contrôlés, tu te rends compte, commente Zahir, et personne ne sait que cette équipée est clandestine, alors que toute montée vers Bamiyan, la ville aux grands Bouddhas, nécessite la délivrance d'un permis et quelques coups de tampon dans les officines misérables qui servent de ministères à Kaboul.

Misérables, les guérites des talibans sur la route de Bamiyan-la-cruelle le sont tout autant, mais au moins les guerriers enturbannés font-ils bombance chaque jour. Des sacs de riz s'entassent sur les bas-côtés, des carcasses de moutons pendent aux fenêtres, des chefs dodus émettent des borborygmes d'homme rassasié en rôdant autour du caravansérail. On se sert un peu sur la bête, finit par reconnaître Zahir, ces Hazara ont toujours quelque chose à nous offrir, même si on doit leur tirer les oreilles de temps à autre. Zahir avec l'altitude semble moisir, et l'odeur de ses pieds s'en ressent, si bien que chaque fois qu'il enlève ses chaussures de ville, qui ne sont plus vernies, à son grand désespoir, depuis le début de nos pérégrinations, soit pour pénétrer dans une maison de thé, soit pour la prière, des effluves envahissent l'atmosphère, ce qui déclenche, une fois n'est pas coutume, le sourire de Fereydoun (toujours aussi soucieux de ne pas abîmer sa voiture afin de pouvoir se marier un jour avec la fille du patron).

Endormissement dans une jeep qui cahote de plus en plus. Me revient en mémoire un vieux conte afghan, celui du léopard et du djinn. Dans des temps immémoriaux, ceux qui composent l'époque idéale des romances et des histoires de veillée, un temps d'avant la guerre, c'est-à-dire, dans l'histoire afghane, un temps véritablement très ancien, bien qu'il ne soit pas sûr que cette contrée ait vraiment connu un jour la paix, l'émissaire d'un sultan vint rendre visite au roi, le roi afghan des Mille Soleils, un roi malicieux qui n'en perdait pas une, du genre : « Allez, je vous invite dans mes oubliettes », et jetait au cachot le dignitaire étranger, ou l'offrait dans une délicate attention en pâture à ses fauves. Cette fois-ci, le souverain légua un léopard en laisse, une laisse en or, que l'émissaire, heureux d'être encore en vie, s'empressa d'accepter. Mais, lorsqu'il dormit dans une auberge, un mauvais djinn, un démon, envahit ses songes et excita le fauve. Le léopard, au prix d'une longue bataille, parvint à vaincre le djinn, qui s'enfuit par la cheminée, fuite qui rassura grandement l'aubergiste, mille mercis, prenez donc toutes ces provisions pour la route, et qu'Allah allonge la durée de votre existence. Le djinn, cependant, poursuivit l'émissaire jusque dans des grottes, clamant que ses pouvoirs étaient investis par Suliman, fils de David, sortez de votre grotte, que je vous dévore pour vous punir, à cause de votre gros chat de malheur, de m'avoir fait quitter une magnifique demeure. Le léopard se réveilla, entendit le djinn, cassa la chaîne d'un bond et se rua sur le fantôme avec une telle furie qu'il n'en resta plus rien, sauf un morceau de cuir. Quand l'émissaire se présenta au sultan, il lui fit offrande comme convenu du léopard aux yeux dorés qui effrayait les dignitaires de la cour. Mais le magnanime monarque tout-puissant le lui laissa. « Que vais-je faire avec une telle créature sauvage ? Pendant que tu n'étais pas là, le roi des Éthiopiens m'a offert deux lions, deux bêtes qui s'entendent très bien, ma foi, et qui veillent sur moi. Si je leur présente le léopard, c'est la guerre dans mon palais et la fourrure va voler ! Non, garde-le pour toi, il te sera utile. » Quand l'émissaire rentra chez lui, il baigna le léopard, puis l'allongea sur son divan et lui dit : « Qu'Allah soit remercié et rendons grâce au sultan, après toutes nos aventures, je ne pouvais espérer meilleur compagnon pour le restant de mes jours. » Le fauve alors leva les yeux et répondit : « Ô excellent maître, je ne suis pas un léopard mais une princesse à qui un magicien pervers a jeté un mauvais sort lorsque j'avais dix-sept ans à Tachkent. Dis-moi que je suis libre et que tu veux m'épouser, et je redeviendrai une femme. » L'émissaire s'écria : « Mon Dieu ! Est-ce que j'entends bien ? » Il prononça les mots attendus et le léopard se transforma en une magnifique créature en robe de soie et à longue chevelure noire, qu'il emporta dans ses nuits jusqu'à la fin de ses jours, loin des mauvais djinns et des mauvais voyages, comme sans doute devait l'espérer Zahir, qui, devant moi, ne parvenait pas à s'extirper de sa somnolence.

Sur la route des montagnes du Hazaradjat, les cieux affirment leur pureté avec la même assurance que les talibans et les vallées abandonnent leur ton jaune pour des taches d'un vert clinquant, parcelles de fertilité où se courbent les hommes comme sous le vent les frêles peupliers qui les bordent à l'abondance. À gauche, je distingue une immense bâtisse en ruine, une forteresse sur laquelle veille une tourterelle grise et dont les murs de pisé sont à l'agonie, que l'on appelle Chariaka Kheke Mubarak. Des dizaines de grands drapeaux flottent dans la brise. Shahid, des martyrs ? demandé-je à Zahir. Non, vêtement du Prophète, que la Paix soit sur Lui. Zahir m'emmène dans ces décombres étranges, entre lesquels des familles riches et moins riches ont bâti leurs demeures. Une étonnante assemblée devise sur le sort de la contrée. On croise entre ces murailles faussement abandonnées, qui n'expirent que pour mieux en chasser le badaud, un ancien conseiller de Premier ministre, un principal de collège, des paysans, un pharmacien. L'ancien conseiller, Amir Mohammad Salehi, un homme à barbe blanche, sage enveloppé dans une longue tunique beige avec des manières affables et à la fois un air polisson, a servi un peu tous les régimes, et d'abord le roi, dont il était le directeur des provinces, autant dire l'homme à tout faire, l'émissaire auprès des tribus, le négociateur en chef, celui qui apportait les grosses valises bourrées d'afghanis, celui qui négociait les petits traités avec les clans en colère, un peu de vendetta par-là, un peu de cadeaux par-ci afin de calmer les esprits certes fâchés, mais d'abord vénaux. Le conseiller du roi, expert en assistance et en retournements, a ensuite servi l'assassin du roi, le prince Daoud – et là tout devient compliqué, car on ne sait plus s'il s'agit d'allégeance ou d'anti-allégeance, destinée à mieux trahir le félon – puis s'est rallié aux communistes avant de prendre le maquis, du moins c'est ce qu'il prétend. Désormais, il sert la cause taliban, par intérêt clanique, et par intérêt tout court.

Il éructe contre les tempêtes de sable, les caravanes de djinns et la sécheresse qui peu à peu monte dans la vallée. « On dirait que tous les maux se sont abattus sur nous. Est-ce notre faute si ce pays a dû se battre contre le communisme ? Nous, à mains nues, pauvres hères, contre l'une des premières armées au monde, l'Armée rouge... Chaque famille a perdu au moins un fils ! » Il se penche sur la terre, saisit une poignée de glaise séchée, la brandit, l'égrène lentement, comme en un sablier de fatalité : « Et maintenant, on se farcit les sanctions américaines. On va bien finir par mourir à petit feu. »

À ses côtés, un adolescent, sans doute le conseiller de l'ancien conseiller, tient une carabine à plombs, c'est-à-dire, au pays des talibans, l'équivalent d'une fronde tout au plus, et encore, sans élastique. Il essaie d'impressionner la ribambelle d'enfants qui courent entre les ruines de la forteresse mais en vain, puis pointe son arme sur un oiseau, lequel prend aussitôt la fuite, comme s'il avait deviné la sentence par réflexe pavlovien. Son frère débarque, un homme pansu aux allures de notable qui fend la foule d'un air impérieux, donnant le sentiment d'avoir à faire sur-le-champ une annonce de premier ordre. Il veut absolument m'entraîner vers l'école, oui, toute neuve, vous verrez, il y a même des murs, on a un peu perdu l'habitude par ici d'avoir des murs, et il bondit déjà sur les remparts à moitié effondrés de la forteresse, l'effondrement offrant l'avantage de pouvoir grimper sur les murailles plus facilement, ce qui représente un effort non négligeable. Sur le faîte, près d'un donjon qui menace de tanguer au moindre coup de vent, sous les drapeaux qui flottent à la gloire et à la mémoire du prophète Mahomet, le vieux frère désigne l'école au loin, avec son petit jardin et ses murets de pierres grises. « Une misère, dit le frère, qui n'est autre que le principal du collège, les talibans me donnent un dollar par mois, et le véritable bienfaiteur, c'est un Suédois, c'est lui qui a construit l'école, il me donne dix fois plus, mais c'est encore insuffisant. » Le Suédois en question n'est autre que l'humanitaire de Ghazni qui a été délesté de soixante-cinq mille dollars et qui depuis a détalé vers Kaboul.

J'aperçois sur la montagne qui cerne l'école une myriade de taches blanches, celles-là mêmes qui marquent l'ancien emplacement de mines. « Ah oui, il en reste encore dans le coin, maugrée le principal. On évite d'y envoyer les élèves, on ne sait jamais, ça saute tout le temps, on préfère envoyer le bétail. Si vous entendez une détonation, ne vous inquiétez surtout pas, c'est une vache qui a marché dessus. La mine nous revient cher, mais on récupère quelquefois la barbaque. » Le principal ne peut s'empêcher de rire en se grattant la panse, comme si toutes ces vilenies, la montagne semée de mines, le cambriolage subi par son bienfaiteur, les oboles en guise de salaire, et bien d'autres choses encore que l'on peut découvrir dans la vallée de Jalrez, composaient de mauvaises plaisanteries dignes de la caravane de djinns.

L'un de ses subalternes, Homayoun, un instituteur de trente-sept ans, est en fait infirmier de formation et arrondit ses fins de mois à l'hôpital, ou plutôt dans le dispensaire crasseux qui tient lieu d'hôpital. Il porte un calot blanc, un *shalwar* bleu, un gilet pied-de-poule, et il paraît particulièrement expert en amputations, tellement expert qu'il en vient à détailler les miracles de l'ablation de membres décrétée par les talibans, avec ça, on parvient à calmer les masses, regarde, dans la ville voisine, on ne vole plus, il suffit de couper un peu, on l'a fait pour dix mains, tu te rends compte, dix mains de voleurs, grands et petits. Homayoun professe une foi des autres étonnante, et cet amour du prochain justifie toute mutilation, je t'aime, toi, autrui, donc je te coupe, ou j'en coupe un autre, etc., un peu comme l'amant effeuillant les pétales d'une marguerite, un peu, beaucoup, passionnément, logique qui, poussée à son paroxysme, suscite non seulement de profonds désagréments pour le coupable, notamment récidiviste, mais aussi pour les philanthropes tel Homayoun, car ils ne savent plus quoi faire des membres, lesquels ne peuvent servir pour des greffes, car comment greffer la main d'un voleur, ce serait indécent et donner de mauvaises habitudes au receveur, et les rois du scalpel engendreraient ainsi, au-delà d'un sentiment de justice, beaucoup d'impotence. Et je ne parle même pas des multirécidivistes qui ne doivent plus avoir grand-chose à se faire couper, car imaginons un éclopé, cerveau tenace d'une bande de voleurs qui ont l'imbécillité de ne pas parvenir à se faire passer pour talibans, première erreur, imaginons le cerveau arrêté une nouvelle fois, amputé, relâché, et ainsi de suite, quand bien même il aurait encore sa langue, serait-il tenté de s'obstiner, car c'est exactement ce que me disait un islamiste de Djalalabad, pour notre djihad, on est prêt à tout, même si on nous coupe les membres et ce qui nous reste, on continuera, avec les dents s'il le faut.

Comme celle des âmes, la capture des faucons est toujours chose délicate. La tradition afghane veut que le chasseur nourrisse son rapace encagé avec un poulet, un seul. Précisément, Pierre Harmont, dit Mercure, fauconnier de la chambre du roi Henri IV qui écrivit *Le Miroir de la fauconnerie* en 1634, publié chez Pierre Billaine rue Saint-Jacques, estimait que « la poule fait le fauconnier, principalement aux oiseaux volants ; elle nourrit votre oiseau modérément, elle le tient en santé, en appétit, en haleine et en état ». Détail fort utile quand on apprend, comme l'énonce le maître fauconnier, que, pour les faucons, le vieux pigeon s'avère « trop chaud », « il fait perdre l'appétit à votre oiseau et le rend fier », que l'oiseau de rivière, tel le martinet, est certes de bonne chair mais donne trop de nourriture et se digère mal, tandis que la pie se révèle une viande aigre qui indispose le rapace.

Abed, mon ancien chauffeur, celui que les talibans ont mis en quarantaine, malgré ses appuis, ses protections, son allure noble qui en impose auprès des petits commandants, me saisit les épaules de ses larges mains comme si je représentais une proie et raconte, l'œil brusquement triste, le sourcil relevé qui lui donne des airs de chien battu, qu'un jour un vieillard attrapa un *baz*, un faucon dans les montagnes de la province du Logar, au sud de Kaboul, et lui donna un premier poulet, puis un second le lendemain. Ce fut l'erreur fatidique. Le faucon émit un râle, et le vieillard crut qu'il s'agissait d'un borborygme de satisfaction, alors que l'oiseau commençait à se rouler par terre. Il expira quelques heures plus tard, gavé jusqu'à la gorge. Le vieillard n'avait rien compris à l'art d'apprivoiser les *baz*, et sans doute cet art-là n'existe-t-il pas. Le faucon afghan toujours semble éloigné de l'homme. Dans l'Égypte ancienne, la divinité Horus était représentée par un faucon ou un homme à tête de faucon. Ce dieu hybride marquait davantage encore son éloignement des humains. Le mot *hora* lui-même signifiait « distance ».

C'est ce que pensa Dan O'Brien, un éleveur de rapaces qui tenta, dans les années 1980, de réintroduire des faucons dans l'Ouest américain. Il lâcha dans la nature quatre oiseaux avec une attention particulière pour l'un d'entre eux, qu'il surnomma Dolly. Les oiseaux de proie eurent maille à partir avec les hommes à fusil et quelques congénères, rapaces un peu plus gros contre lesquels les faucons, qui ont beau battre des ailes cinq fois par seconde, soit deux battements de plus que la buse variable et un de plus que les rapaces nocturnes, ne peuvent rien. Seule Dolly survécut.

Qalamuddine est une sorte de sultan, le grand ordonnateur de la police religieuse, ministre de la Répression du vice et de la Protection de la vertu, qui siège sur un tapis rouge taché par le thé. Pour voir ce protecteur de la morale et maître des nouvelles consciences, il faut se rendre dans une petite maison de Kaboul, au fond d'une ruelle, haute de trois étages. Pas un seul meuble, dans la plus pure tradition des salafites, ceux qui veulent vivre comme au temps du prophète. J'ai beau chercher en gravissant les marches, jetant un coup d'œil à droite et à gauche, j'espère un fauteuil, une chaise, même une toute petite chaise, non, rien, le vide, rien que des tapis, des nattes, des matelas, des coussins, comme pour signifier au visiteur qu'il pénètre au royaume de la pureté. Au deuxième étage, dans une grande pièce aux murs bleus qui ouvre sur un jardinet ombragé, Qalamuddine, mollah de son état, enveloppé dans une tunique turquoise qui laisse dépasser des mollets épais qu'il se gratte de temps à autre, trône tel un pacha devant un plat de raisins aux grains oblongs et une cohorte de serviteurs-combattants, c'est-à-dire de domestiques en armes, sait-on jamais. Soit pour se donner une contenance devant ces hommes qui n'ont pas bougé de la journée, soit parce qu'il est surexcité, sans doute à cause du thé, le mollah sautille sur le matelas tout en égrenant son raisin. Un lieutenant se déplace en silence avec une fluidité lente propre aux conseillers de l'ombre. Il regarde de temps à autre par la fenêtre pour scruter le petit horizon du jardinet.

Qalamuddine est un homme content de lui. Les hérétiques, les déviants, ceux qui se sont trop amusés par le passé, avant l'arrivée du taliban, cet Afghan nouveau, lui ont donné beaucoup de fil à retordre. Il a dû se gratter de nombreuses fois les mollets, signe apparent de réflexion chez lui, pour trouver la clé de ce dilemme. Il a demandé des hommes, on lui a confié un bataillon de censeurs et de nervis. « Les exécutions, d'abord, ont été un bon exemple », grimace-t-il en gonflant le ventre. Puis il ajoute, après un énorme rot : « Depuis deux ans, on a vraiment fait du bon boulot. » Qalamuddine, qui vient en fait de Kandahar, vit, lorsqu'il est à Kaboul, non loin du stade, ce qui lui donne l'occasion de se rendre sur les lieux du châtiment. Avec des soupirs pour maudire le passé et des pauses savamment aménagées à la fois pour impressionner le petit peuple de serviteurs-combattants qui le dévorent des yeux et déguster son raisin, il savoure l'œuvre de ses hommes : « J'ai trois mille huit cents agents dans tout le pays, vous me direz que ce n'est pas beaucoup, vu l'ampleur de la tâche, mais on connaît les endroits où il faut se concentrer. » À l'art de la fauconnerie, louée jadis pour les vertus du dressage, le sultan de l'éthique taliban préfère le châtiment afin de réprimer les « voluptés déshonnêtes ».

Kaboul, d'abord, la ville impie, la capitale de tous les péchés, la ville qu'il lui faut mater à tout prix, à tous crins, à coups de fouet devant les mosquées, à coups de trique la nuit lorsque les Kaboulis ne sont pas assez gris. Qalamuddine, qui commence à être plein de raisin, au point qu'il lui vient l'idée de s'allonger sur sa natte tout en continuant à se gratter les mollets, utilise de nombreuses images à la fois pour m'expliquer sa sainte mission et captiver l'attention de ses hommes. « Le vice, c'est comme une petite rivière qui dévale nos magnifiques montagnes pour devenir torrent et fleuve. Il faut arrêter tout cela au début, à la source, et alors non seulement nous n'aurons plus de rivière ou de torrent, mais en plus les gens du vice mourront de soif. » Il cherche du regard l'effet de sa métaphore, et je ne vois que des yeux à la fois respectueux et terrorisés. Tous les hommes qui gisent dans ce salon aux pieds du maître de la Vertu ont à peine vingt ans. « Et l'opium ? » Qalamuddine n'aime pas vraiment ce genre de question, et on le comprend, car de nombreux mollahs face au « délire opiacé » (Cocteau) hésitent entre le vice et la vertu. Qalamuddine, peut-être parce qu'il se gratte davantage la jambe, ne s'en sort pas trop mal. Cultiver le pavot, source de l'opium, explique-t-il doctement devant son assemblée de jeunes éphèbes, n'est pas un vice stricto sensu, car le Coran ne le mentionne pas, contrairement à l'alcool. Consommer la pâte brune, en revanche, en est un, mais ce n'est pas grave s'il s'agit de kafirs, d'infidèles. En fait, le pays arrêtera d'engendrer son opium, la plus grande production au monde, quand l'Afghanistan sera riche, clame le mollah aux gros mollets, de plus en plus griffés, de sorte que ce vœu pieux s'apparente d'abord à un chantage, avec promesses de stocks énormes en cas d'éradication. Mais le mollah a d'autres chats à fouetter, et d'abord les gens en proie au vice.

— Vous vous rendez compte, nous avons pu changer la mentalité des trois quarts des Afghans, à force de les punir, certes il en reste un quart ou un peu moins, mais ce n'est pas si mal, vous voyez qu'avec un peu de volonté on arrive à tout faire rentrer dans l'ordre.

Moyennant quoi, Qalamuddine, le grand ordonnateur de la vertu, semble confondre la gouvernance des hommes avec le dressage des faucons. Or Pierre Harmont, dit Mercure, rappelle, dans *Le Miroir de la fauconnerie*, qu'« il n'est pas possible de mettre toutes les nécessités qu'il faut aux oiseaux si particulièrement ceux qui les ont en charge ne les aiment et ne considèrent ce qui leur fait besoin ; ce fut l'affection qui m'a fait connaître ce que je mets par écrit ».

Le mollah anti-vice, qui digère son raisin et qui à l'affection des Afghans préfère visiblement la trique, remplit deux feuilles de route, peut-être des ordres de mission pour ses agents à cravache qui sillonnent la ville et tout le pays à la recherche du vice en tout genre, des postes de télévision, des cassettes, des barbus qui se taillent la barbe, des fainéants qui traînent les pieds à l'heure de la prière, des espions, ceux qui conduisent les autres sur une mauvaise pente, car le danger commence là, les ennemis armés, on s'en moque, ils meurent de trouille avant d'entrer en Afghanistan, regardez les Anglais, les Russes, tout le monde, non, le péril, c'est le pourrissement de l'intérieur, la gangrène qui gagne lentement vos membres. À écouter le mollah désormais repu, on ne peut s'empêcher d'éprouver un grand malaise, comme si tout son sermon sonnait faux, la morale, la grande vertu. Lui-même a toutes les allures d'un seigneur sanguinaire, un gros trafiquant reconverti dans les bonnes mœurs. Qalamuddine continue sur sa lancée, veut impressionner ses hommes, parle d'amputations et de *rajem*, de lapidation. « C'est très simple, vous coincez une femme pour relations sexuelles illicites, et vous la placez derrière un camion chargé de pierres. Vous faites soulever la benne. Si elle reste en vie, ce qui est peu probable, c'est qu'elle est innocente. Si elle meurt, c'est qu'elle est coupable. Idem pour les homosexuels. On ne l'a fait que pour deux cas, et l'un d'eux a survécu, un peu amoché quand même. »

L'ennui, précise un conseiller, c'est lorsqu'il n'y a plus de camion, ou plus d'essence, et alors on envoie des lanceurs de pierres sur une colline pour viser la tête du coupable, ou du présumé tel, exercice qui devient très vite un jeu, et il faut calmer non seulement la foule, mais les lanceurs de pierres, bourreaux à petit feu et à petites pierres, bien qu'après quelques lapidations ils finissent par se muscler les bras et devenir relativement adroits, l'adresse ne signifiant nullement un coup au but, c'est-à-dire sur la nuque ou la tête, mais au contraire un coup manqué, sur les bras, les jambes, la colonne vertébrale, de manière à ce que la victime expiatoire souffre le plus longtemps possible et aussi pour ne pas vexer le *qazi*, le juge. Le mollah aux gros mollets préfère pourtant commencer cette peine par quatre-vingts coups de fouet et garder le *rajem* pour la fin. Je regarde l'assistance tout en écoutant le mollah docte et je sens que le malaise gagne ces serviteurs-combattants. Certains baissent les yeux, gênés, comme saisis par la faute. Plus tard, j'apprendrai que Qalamuddine aime les hommes, et d'abord les jeunes éphèbes, ce qui explique pourquoi il s'entoure d'une si jeune garde, tout à ses ordres, voire à ses désirs, et peu encline à subir le test de la lapidation, deux tonnes de caillasses pour voir si l'on est coupable ou innocent, preuve de culpabilité qui peut cependant être modulée non seulement par le *qazi*, mais aussi et surtout par celui qui actionne la manette de la benne. Ce qui veut dire que Babylone la débauchée, l'antimodèle des talibans, la civilisation qui glorifiait l'amour libre, y compris par son dieu Enki, avec la prostitution masculine et des pratiques homosexuelles soigneusement codifiées, dans des rituels qui vénéraient la déesse de la fécondité Ishtar et permettaient notamment à un maître de maison de prendre dans son lit des serviteurs afin de les soumettre corps et âme au moindre de ses désirs, Babylone la débauchée, donc, n'est pas si bannie que cela à Kaboul et à Kandahar, où la pédérastie, qu'elle soit monnayée ou non, est devenue une pratique courante, et même pour des mollahs, malgré les édits dont ils se prévalent dans la plus parfaite hypocrisie.

Je sors de la maison du grand prêtre de la vertu à reculons et me heurte à l'immense jeep noire qui l'attend, ce qui provoque les rires d'un chauffeur et du *tchokidor*, le garde sorti de sa sieste, et, quand mon pied trébuche sur une pierre, j'ai l'impression qu'il s'agit des restes du camion à benne, celui que Qalamuddine commande en fonction des châtiments qu'il veut bien édicter non pour les siens, mais pour les autres.

La route de Bamiyan, avec ses chiens errants qui patrouillent en meutes clairsemées, la route de Bamiyan avec ses cols versatiles, infranchissables par temps de pluie, la route de Bamiyan avec ses villages des cimes, peuplés de pauvres d'entre les pauvres, des paysans courbés sur des socs de charrue, dans des parcelles accrochées à flanc de montagne, au bord de maisons qui semblent se précipiter dans le vide, avec des moulins qui enjambent les torrents et qui cherchent le blé, lequel se meurt entre neige et soleil, la route avec ses marcheurs anonymes, un instituteur sans école en quête d'une ville en aval, un ancien guerrier qui va retrouver les siens, un chauffeur routier qui se tapit au fond d'un caravansérail de misère et, enveloppé dans une couverture, somnole à l'heure de la prière, un mollah un peu perdu, apeuré lui aussi par ses pérégrinations au pays des mauvais croyants, ses femmes qui se dévoilent au fur et à mesure que l'on s'élève vers les cieux, légères comme l'air, telle une libération de l'âme, ce couple qui rit à la halte avec des regards doux, ce qui est au moins une preuve que l'amour existe, ces talibans un peu tendus au poste de contrôle, sans doute amers de devoir régner sur ce peuple aux yeux bridés, peu soucieux du dogme, la route de Bamiyan avec ses immensités bleues et ses terres lourdes, bordées par les cimes enneigées du Kuh-e-Baba, la route de Bamiyan qui s'étire à l'infini et Bamiyan qui ne s'annonce toujours pas, après deux jours de voyage, après les humeurs de Zahir, les diatribes contre l'Occident suivies aussitôt d'un repentir salvateur, alors les créatures de chez vous, comment sont-elles, tout cela pour ne pas reconnaître que les femmes en pays hazara, ce royaume cruel, sont belles, la route où l'on croise des cyclistes qui poussent leur vélo dans la montée, la route empruntée par des chasseurs au petit fusil, à la recherche de gibier et parfois d'hommes, les yeux fiévreux comme des tueurs de vendetta aux raisons obscures, meurtres, mauvais voisinage, querelles de paysans, affaires de femmes, regards échangés, baisers volés, honneur trahi, affronts divers qui, tôt ou tard, seront lavés dans le sang de la vengeance et le torrent des vallées froides, cette eau pure des hauteurs qui balaie tout, avale durant les crues les champs et les ponts mais qui jamais ne se calme, jamais n'oublie.

Jouer à saute-montagne dans l'Afghanistan des talibans n'est pas un exercice facile, d'abord en raison des humeurs de la jeep qui vous emmène vers les sommets, véhicule qui généralement semble rendre l'âme à chaque coup d'accélérateur, et ensuite à cause des mœurs locales qui font que chaque vallée paraît ignorer l'autre. Mais c'est précisément ce qui nous sauve, le cloisonnement des montagnes, l'isolement des hommes, et je négocie avec Zahir chaque passage de fief, une lettre d'un chef hazara, une signature du gouverneur de Ghazni, un mot pour le tout-puissant de Kandahar, le gri-gri d'un autre, illettré mais qui réussit à imprimer un semblant de sceau. En 1897, Winston Churchill, qui avait demandé de rejoindre les brigades du général Blood en pays pachtoun et qui s'était lui-même surpris d'une telle témérité au point d'envoyer des paquets de lettres à sa mère pour s'en remettre, avait tenté de s'extirper de ce maquis de valeurs, vertus et vices dont il arrivait mal à définir les frontières, les vices pouvant s'assimiler à des vertus et vice versa en fonction de l'humeur de la tribu, du climat, du degré de vendetta en cours, et autres éléments plus ou moins tangibles tels que l'âge et la beauté de la femme à ravir ou à acquérir pour le prix du sang. « On m'a expliqué que, si un homme blanc parvenait à saisir complètement le système des vices et vertus, et à comprendre leurs impulsions mentales – à savoir quand leur honneur le défendait et quand leur honneur le trahissait, quand ils étaient enclins à le protéger et quand ils étaient prêts à le tuer –, il pourrait, en prenant en compte les moments et les opportunités, passer d'une montagne à l'autre. Mais un Européen est rarement capable d'accomplir cela tout comme d'apprécier les sentiments de ces étranges créatures qui, comme lorsqu'on examine une goutte d'eau placée sur un microscope, s'avalent avec amabilité les unes les autres, et finissent par être toutes dévorées avec un air de suffisance. » C'est ainsi que, pour éviter d'être dévoré par telle ou telle vallée, Zahir négocie pied à pied chaque passage de fief, jusqu'aux vallées de Bamiyan et royaumes de l'opium, source du « vice oriental » (Claude Farrère), dans la province du Helmand, plus au sud, loin de Kandahar. Quand il est à jeun, si je puis dire, sevré de haschich, il se montre excellent, tance les commandants de vingt ans de plus que lui, donne des ordres aux talibans de son âge qui n'osent s'opposer à celui qui se présente comme un émissaire venu d'un autre monde, Kaboul, parlemente à la barrière d'un poste de contrôle, articulant des phrases du genre « tu sais, tu as une belle vie devant toi, tu ne t'en rends peut-être pas compte, mais, si tu ne veux pas finir sur le front comme chair à canon, il vaudrait mieux que tu nous laisses passer ». Parfois, il convient de falsifier les papiers pour miser sur le degré d'illettrisme du combattant qui nous fait face, de telle sorte que le meilleur viatique pour franchir tous ces octrois demeure l'assurance de Zahir. Il nous arrive toutefois d'être surpris par un contrôle impromptu, et Zahir, qui vient de fumer quelques cigarettes de haschich, n'est pas forcément au meilleur de sa forme, les yeux mi-clos, de plus en plus hilare au fur et à mesure que s'élève l'altitude. Sa verve cependant se montre suffisante, et je dois même reconnaître qu'il est plus efficace dans ces moments-là, « dégage, morveux, ou on t'envoie au cachot », et alors le préposé à la barrière, généralement quelqu'un qui n'a jamais vu d'autres personnes que des routiers, des commerçants, des trafiquants divers et des combattants, beaucoup de combattants, s'exécute devant un plénipotentiaire de vingt-quatre ans à qui on ne la fait pas, même s'il a les yeux bouffis et paraît un peu à côté de la plaque.

Garden Diwal et son petit pont reconstruit au-dessus d'un torrent qui jamais, même l'été, ne s'apaise, Garden Diwal et sa petite vallée qui abrite quelques couples de gypaètes barbus *(Gypætus barbutus)*, grands vautours qui aiment tellement les os qu'ils les emportent dans les airs, les larguent au-dessus de rochers pour les briser et en extirpent la moelle, Garden Diwal et ses moutons qui envahissent la rue dans un voile de poussière immémoriale, pluie de particules jetées par un marchand de sable malicieux, ses commerçants qui sourient et découvrent des rides empreintes de glaise, de boue séchée, de crasse sur trois générations, masques de retenue qui cachent la chair, les femmes qui parfois laissent échapper un coin de voile, par insouciance ou impudeur, ce qui dans ces montagnes est un peu la même chose, une bergère qui nous regarde longuement, ajoutant des secondes à un sentiment d'éternité, provoquant le trouble de Zahir, qui commence à penser que ces montagnes ne sont pas aussi cruelles que ça, ses barres enneigées de cinq mille mètres, ses voitures improbables dont les pneus sont usés jusqu'à la chambre à air et même au-delà, ses cohortes de vélos qui trimballent des monceaux de pacotille et d'ustensiles, plats en aluminium, tuyaux de poêle, herbe à fourrage, salade sur un mètre de hauteur, petits bois pour le feu, Garden Diwal et son absence d'odeurs, comme balayées par les vents et le temps dissolu, ses échoppes où un vendeur intitulé pharmacien vend des médicaments périmés, sa maison de thé dont la terrasse bleutée donne sur les deux vallées qui se croisent et autorisent toutes les amitiés, même et surtout avec un simple d'esprit qui rit à n'en plus finir de cet étranger qui lui-même rit à n'en plus finir, l'un et l'autre ne sachant plus qui a commencé, et il se pourrait bien que ce soit le narrateur, ne comprenant pas un traître mot de la langue que l'on parle à Garden Diwal et encore moins ce que lui raconte son interlocuteur mais qui parvient tout de même à saisir grosso modo qu'un verre de thé dans cette maison-là, ce caravansérail de tous les possibles, ce rendez-vous des gueux et des fortunés, pêle-mêle dans les poussières de ruines, somme de bonnes et mauvaises engeances, vaut toutes les tracasseries du monde.

Sur les versants du Kuh-e-Baba, ce chapitre de montagnes qui impressionna tant les voyageurs depuis l'Antiquité, je ramasse quelques fleurs lorsqu'un homme s'avance vers moi. Il vient de sortir de la maison de pisé en contrebas, une demeure fortifiée dont les larges remparts jaunis forment autant de terrasses, réceptacles de chaleur avant les nuits froides. Je crains un temps de me trouver face à un taliban à la recherche d'une victime, un coupeur de doigts ou de phalanges pour vols de substances végétales appartenant à l'émirat islamique, sait-on jamais, mais l'homme, âgé d'une soixantaine d'années, avec des gestes mesurés comme pour un cérémonial qui à cette altitude paraît incongru, se penche, caresse une plante maigrelette qui goutte de rosée et dit dans un excellent français qu'il est finalement heureux de se trouver là, loin de Kaboul. Il se méfie des talibans qui rôdent alentour, puis avoue qu'avec eux, finalement, ce n'est pas pire qu'avant, y compris pour les femmes, car au fond rien n'a changé dans ce pays. Abdul Qadir fut cuisinier à l'ambassade de France à Kaboul et préparait de bons petits plats pour le ministre plénipotentiaire lorsque la guerre l'a surpris, avec sa moisson de roquettes qui volaient au-dessus de la résidence et des fourneaux. Comme il n'a pu fuir et que les Soviétiques ne montraient pas un intérêt particulier pour ses talents culinaires, il est devenu chauffeur à leur service. À force de véhiculer les dignitaires communistes, il a appris beaucoup de choses sur le marxisme afghan, les histoires de complots, les tendances et les sous-tendances, querelles qui se traduisaient non par des motions au Congrès ou des actes de défiance, mais par des coups de poignard et exécutions en rafales, au terme de diverses conspirations fomentées généralement par les Brutus et dauphins, au point que les communistes, selon l'inversion du principe cher à Lénine, n'avaient même pas besoin de la corde de l'ennemi capitaliste pour se pendre. Alors Abdul Qadir s'est reconverti en *batcha*, porteur d'eau, et a exercé différents petits métiers avant de redevenir cuisinier, avec un talent incontestable, nous l'avons vérifié, pour les pizzas. Est-ce l'ivresse des hauteurs, le vent qui envahit la vallée et soûle bien vite les esprits, toujours est-il qu'Abdul Qadir confie ses craintes, oui, un jour, il n'y aura plus de quoi faire des pizzas en Afghanistan.

Là, au-dessus de la ferme fortifiée que survolent quelques buses et sous les montagnes du Kuh-e-Baba, dans la lumière douce du matin qui semble dépoussiérer le tableau environnant de toutes les scories de la veille et redonner sa chance à chaque personnage, qu'il soit taliban ou non, on ne peut s'empêcher de savourer le calme qui règne et la distance mise entre les turbans noirs et les habitants de la contrée, même si les premiers patrouillent encore dans la vallée adjacente. Or Abdul Qadir veut précisément nous faire comprendre que dans ce silence s'est installée une musique, une musique du silence justement, ce qui, lorsqu'on tend l'oreille, n'est pas évident à saisir, une musique qui proviendrait des fleurs, des versants immobiles, de la colère de la terre s'ébrouant çà et là à la fonte des neiges et s'ouvrant devant les socs, une musique lancinante qui finalement parvient jusqu'à nous, il suffit d'attendre et d'écouter la longue plainte qui surgit de ces flancs ocre, petite mélodie qui, si elle était perçue par les maîtres censeurs de Kaboul, serait indubitablement interdite, le silence pouvant se révéler une arme dangereuse sous leurs cieux.

À la longue Abdul Qadir avoue son secret. Lorsque Joseph Kessel voyagea en Afghanistan en 1967, quelques mois après la sortie de son roman *Les Cavaliers*, il devint son guide et l'accompagna jusqu'à Ghazni. Cette fonction marqua profondément Abdul Qadir, non seulement en raison de la personnalité de son hôte, mais aussi de sa propension à enfiler l'un après l'autre des verres de vodka, boisson mise à sa disposition par Sa Majesté le roi d'Afghanistan. Et c'est ainsi que le cuisinier se retrouva sur les pistes non goudronnées de la province du Wardak, affairé à détailler les tribus, les sous-tribus, les sous-sous-tribus et les inévitables querelles attachées à ce découpage délicat, querelles qui composent l'histoire de l'Afghanistan et que Kessel adorait, lui rappelant les bagarres qu'il déclenchait dans les bars de Montmartre, après avoir cassé quelques verres à la russe.

La seule chose qui inquiète Abdul Qadir, c'est la venue de Zahir qui, réveillé de son somme dans une chambre blanche de la ferme fortifiée, vient vers nous, les yeux bouffis, les pieds qui hésitent à trouver leur place sur le sentier, sans avoir mis son turban, ce qui signifie qu'il a décidé de ne pas être tout à fait taliban à l'aurore, et on le comprend, il faut avoir parfois le courage de s'abstenir dans ces montagnes hostiles et qui demeurent cruelles, surtout lorsque l'on apprend que les coups de fusil peuvent partir à l'improviste, avec des balles susceptibles d'atterrir sur un turban noir.

Mais Abdul Qadir se rassure vite. Celui que je commence à surnommer Zahiban, Zahir le taliban, est de bonne composition ce matin, et Abdul Qadir me souffle à l'oreille qu'il en sait assez sur lui pour être sûr de ne pas être dénoncé, à savoir que ledit Zahiban a déjà commencé à fumer sa cigarette de *tchars*, de haschich, à peine le soleil levé.

Près de Garden Diwal s'annonce une source, un minuscule robinet d'eau fraîche qui peine à irriguer un jardinet, lequel robinet se transforme en aval en ru, puis en ruisseau et en torrent, et ainsi de suite, pour devenir le fleuve Helmand, cet immense fleuve qui traverse les vallées profondes et les plateaux afin de rassasier les champs d'opium, cette « torpeur de l'âme, du bien-être somnolent » (Maupassant), les immensités de la fée verte loin de là, puis d'agoniser dans les sables, rivière évaporée, caprice de montagnes en butte aux rudesses du désert, comme si la destinée de ce fleuve était de nourrir les fleurs du mal avant de se punir lui-même. Quand on regarde ce ridicule cours d'eau au pied des crêtes enneigées, avec des talibans qui se lavent avant la prière et des Hazara qui crachent dans le flot sans doute par moquerie à l'égard des premiers, on se prend à penser que tous les paradis artificiels, le délire opiacé de Cocteau, qui avoua qu'« il est rare qu'un fumeur quitte l'opium, l'opium le quitte en ruinant tout », le rêve maudit qui inonde les âmes et les veines, tous les tourments engendrés par les poudres blanches prennent leur source ici même, non loin d'un bourg sans odeur, baigné par le silence, enveloppé des poussières que lui lèguent les lentes caravanes.

Afin d'apprécier pleinement le passage du col de Hadji Gak, il vaut mieux éviter d'utiliser une jeep qui compte plusieurs centaines de milliers de kilomètres sur les pistes afghanes, soit l'équivalent de quelques millions sur des routes dignes de ce nom, et un chauffeur moins porté sur la mécanique que sur les contours des ombres voilées qui montent en ahanant. Au fur et à mesure que l'on s'élève et que le souffle devient court, ce qui se révèle ennuyeux vu le nombre de coups d'épaule nécessaires pour désembourber le véhicule, les maisonnées paraissent s'appauvrir et avec elles leurs occupants, tandis que la solidarité s'affirme, surtout celle des passagers, plus ou moins clandestins, des camions, ou semblants de camions, bus, fourgonnettes, et autres engins prêts à agoniser au prochain virage. Ce qui est plus inquiétant, c'est la lecture, lors de la halte, du récit d'un moine chinois, au Ve siècle. Fa-hien, qui voulait rejoindre cette terre mythique du bouddhisme, s'arrêta dans les montagnes du Kuh-e-Baba, et son effroi fut à la hauteur des grandes statues de Bouddha de Bamiyan : « Il y a au milieu de ces montagnes des dragons venimeux, qui, si on les provoque, vomissent des vents empoisonnés et causent des chutes de neige, des tempêtes de sable et de gravier. Pas un sur dix mille qui affrontent ces dangers n'en réchappe. » Si les dragons ne sont pas au rendez-vous, les vautours ont l'air de les avoir remplacés, rapaces auxquels on pourrait ajouter les talibans, du moins ceux qui jalonnent la route emmitouflés dans leur *patou*. À vrai dire, le jugement du moine Fa-hien n'est pas faux, car les gorges qui s'enchaînent s'avèrent de plus en plus terrrifiantes, quelques corps ensevelis à droite et à gauche, par accident, querelle ou combat, choses certes banales dans ces montagnes que Zahir estime de plus en plus cruelles. Pas à pas, si l'on peut dire, à l'allure où va la jeep qui, en parfaite montagnarde, calque sa vitesse sur l'altitude, la montagne révèle ses petits secrets, notamment une vue inoubliable sur une primevère ainsi que le spectacle d'un aigle royal *(Aquila chrysætos)* tournant lentement au-dessus de nos têtes comme pour nous avertir d'un quelconque péril, qui concernerait soit notre propre personne, soit lui-même, étant donné que cet animal est de plus en plus chassé, autant sinon plus que le faucon, mais avec un net désavantage puisque chaque couple n'élève qu'un seul jeune, qui devra attendre cinq ans avant de se reproduire, ce qui n'empêche nullement le rapace de chasser le faucon, cycle de prédation correspondant étrangement à la société afghane, prédatrice d'elle-même, jusqu'aux talibans dont certains fidèles nous assurent qu'ils finiront par se bouffer les uns les autres, oiseaux de proie brusquement atteints de « caïnisme », illustrant le propos de Philippe Berthelot rapporté par Paul Morand : « La supériorité de la guerre civile sur l'autre, c'est qu'on connaît ceux qu'on tue. »

Avant d'atteindre la vallée de Bamiyan, il faut montrer patte blanche au col de Hadji Gak, non aux talibans mais à l'humilité, ce dont les immenses

Bouddhas taillés dans la roche au cours des premiers siècles après Jésus-Christ, et qui figuraient parmi les plus grands du monde jusqu'à leur démolition par les talibans, doivent se féliciter. Fereydoun le chauffeur, qui décidément veut se marier, négocie chaque ornière afin d'épargner son véhicule, gage de son futur bonheur, mais il rate au bout du compte un morceau de piste en pleine nuit, et la jeep reste suspendue, le châssis accroché à la terre, les roues patinant dans la boue. Un camion empli de ballots surmontés de Hazara grelottants jette son lot de passagers munis de pelles et de cordes qui finissent dans la lueur des phares et le froid nocturne par rendre espoir à Fereydoun et à nous tous, d'ailleurs, également soucieux de notre avenir. Un garçon de dix-huit ans, qui s'évertue à pousser la jeep, rit et découvre ses chicots. Ses yeux bridés illuminent son visage. Zahir, qui a remis son turban noir et attend dans la nuit, de l'autre côté de la piste, persiste à penser que lui et ses camarades demeurent des êtres cruels.

Le lendemain matin, après une halte dans la montée, apparaissent les bus brinquebalants, des Mercedes encore immatriculés en Allemagne, qui déchargent les voyageurs à l'approche du col afin qu'ils effectuent le passage à pied, à une heure de marche forcée. Quand on se place au sommet du col, désertique, jaune, que caresse un vent des steppes, on remarque au loin ces petites taches, multicolores pour les hommes, bleues pour les femmes, ces prisons de coton qui flottent dans l'air et se soulèvent lors de rafales impudiques, lesquelles, si l'on prend au pied de la lettre les interdits énoncés par les talibans, mériteraient pour le peu qu'elles permettent d'entrevoir les punitions de mille mollahs. Le spectacle de ces draps versatiles rassérène Zahir, visiblement ému à la vue des formes qui s'en dégagent, et il en conclut que ces Hazara, du moins pour la partie féminine, ne sont décidément pas si inhumaines que cela et que leurs rondeurs valent le détour. Lorsqu'il enlève son turban noir, quelques regards de jeunes filles se tournent vers lui, et parfois il aperçoit sous un morceau de tissu qui se relève l'ombre d'un sourire, et même, dit-il, une expression fiévreuse, ce qui a l'heur de le transporter aux nues, des nues forcément cruelles, de sorte que la montée harassante du col de Hadji Gak, que la majorité des camions entreprend en marche arrière afin d'obtenir davantage de puissance, s'apparente à une ascension vers des sommets de sensualité. Et il est vrai qu'en examinant les corps qui se penchent vers le sol, courbés par la déclivité en une communion d'efforts, je me rends compte que les halètements, essoufflements, suffocations, mouvements saccadés de poitrines qui se soulèvent et s'abaissent, là, à quatre mille mètres d'altitude, près de ce col qui se mérite surtout lorsque l'on est passager d'un bus qui vous laisse en plan en bas de la montée, ces tambourinages de cages thoraciques créent une sarabande propice à tous les fantasmes dont le mal d'altitude n'est pas la seule raison.

En haut du col, se découpant sur une montagne à moitié enneigée, coiffé d'un nimbus qui lui donne des allures de mollah en turban blanc, un vieil homme en veste de treillis sourit malgré l'exténuation. Il tire un âne, qu'il fouette de temps à autre d'un coup de baguette de bois vert. Il a deux garçons de sept et huit ans, et se plaint face à Zahir, qui ne dit mot, des talibans et de leurs bêtises, vous vous rendez compte, plus d'école, plus d'instituteurs, plus rien…

À partir du col de Hadji Gak, la route se divise en deux : à gauche, l'ancienne piste, sinueuse, qui épouse une lente déclivité, et, tout droit, un raccourci, qu'il vaut mieux ne pas prendre par temps de pluie, mais qui permet d'économiser quelques kilomètres et ainsi un peu de carburant, calcul que Fereydoun s'empresse de résoudre en dévalant aussitôt la pente, moteur au point mort, ce qui a l'inconvénient, ou plutôt l'avantage, de glacer le sang de Zahir, oublieux déjà de la multitude de sensualités rencontrées ou imaginées au cours de l'ascension. Fereydoun semble soudainement moins enclin à préserver son véhicule et donc son capital bonheur, sans doute en raison de la vue des femmes hazara, ces tentations ambulantes qui sont autant de cruautés. Lorsque la jeep parvient en bas du col, s'engouffrant dans une série de gorges blanc, noir et rouge, celles où sévit le dragon du moine chinois, Zahir a exprimé quelques sautes d'humeur et des simulacres de vomissement. Il se remet de cette péripétie en allumant une cigarette et en suggérant sur le ton d'un commandant taliban une halte au prochain caravansérail, dans un village de montagne qui garde l'entrée d'une gorge aux parois noires.

L'auberge pue. Des chaussures posées dans l'entrée indiquent que les places devront se monnayer chèrement, au prix de salamalecs ou de légers coups de coude. Sur le gigantesque tissu de feutre qui sert de tapis, les hôtes ne sont en fait guère nombreux, et les chaussures indiquent soit que leurs propriétaires sont partis prier dans l'arrière-cour, soit qu'elles appartiennent au personnel de la cuisine, soit qu'elles ont été volées, hypothèse improbable mais que Zahir n'écarte pas, qui persiste à croire que ces paysages sont infiniment barbares. Sur le tapis, un chauffeur routier bedonnant, qui brasse l'air de ses mains graisseuses de mouton, fascine quatre personnes à lui seul, et assurément ses envolées, les arabesques de ses doigts, son port de tête qui ponctuent chacune de ses phrases valent bien un poste de télévision.

Alors que je me débats avec des os de mouton qui baignent dans l'huile, en parvenant à éclabousser la partie supérieure de ma tunique, plus le pantalon de mon voisin de droite, un homme plutôt conciliant car déjà taché, le chauffeur routier tente de capter l'attention des nouveaux arrivants en dérivant sur des propos pas franchement autorisés par les docteurs de la foi taliban, des propos de plus en plus grivois où il est question de position du missionnaire et de divers petits plaisirs. Marié à quatre femmes, Abdul le Vantard se targue de pouvoir satisfaire six autres partenaires par jour, fanfaronnade qui a le mérite d'engendrer un sourire chez Zahir. Ses trente-deux enfants sont la preuve, clame-t-il, de sa virilité de haut vol, ce dont personne ne semble douter autour de lui, surtout lorsqu'il exhibe une dose non négligeable de *nasouar*, une poudre que l'on place dans un coin de la gencive et qui a notamment pour réputation de donner un coup de fouet, expression qui, pour le cas de l'intéressé, se comprend dans tous les sens du terme. Ce qui tracasse surtout Abdul le Vantard, c'est le manque de haltes au bercail, le pays hazara, à mi-chemin de ses trajets habituels Kaboul-Mazar-e Charif, soit quatre jours de voyage, avec des nuits courtes, trop courtes pour la rêverie et les fantasmes. S'il disposait de plus de temps libre, Abdul le Vantard prendrait davantage de femmes, en épouserait au moins deux autres, plus quelques concubines, pour finir par ressembler au chercheur d'or et député de Guyane Jean Galmot, pourfendeur du bagne de Cayenne, mort empoisonné à l'arsenic le 6 août 1928 et dont Blaise Cendrars prit la défense en écrivant, notamment dans *Rhum*, avec une pointe d'envie qu'il « avait plus de femmes que le Grand Turc ». Le souhait d'Abdul le Vantard, exprimé au moment où le chauffeur-routier, après s'être rincé les doigts, se sert une tasse de thé vert, provoque l'indignation soigneusement calculée de mon voisin de gauche, un homme lui aussi marié à quatre femmes et qui porte deux pantalons bouffants en raison du froid régnant sur les cols, là-haut :

— Mais les talibans ne le permettent pas !

Abdul le Vantard ne se démonte pas pour autant et, devant une assistance hilare, se tripotant le ventre, remet ça sur le tapis de l'auberge aux chaussures qui puent :

— Si j'avais de l'argent, je prendrais ces deux femmes de plus tout de suite !

Et, pendant qu'Abdul le Vantard continue de raconter ses frasques, Zahir rêve, peut-être à l'âme sœur, à l'amour enfoui sous les grillages de coton, mais peut-on aimer derrière le voile, et sa béatitude contenue rappelle les deux héros de la pièce d'Abdellatif Laâbi, *Rimbaud et Shéhérazade*, le premier étant livreur de pizzas, la seconde caissière dans un supermarché, laquelle dit de leur entrevue : « Voyons, Arthur, c'est la rencontre de la parole et du souffle, de la sagesse et de l'innocence, du rire et des larmes, de la danse de l'esprit et de la transe des mots. » C'est alors qu'un troisième larron, qui ne s'était manifesté jusqu'à présent que par des claquements secs de la mâchoire sur ses os de mouton, dont la sauce dégouline sur ses avant-bras, entre en scène et avoue que lui n'est marié qu'à deux femmes et qu'avec son enrichissement, dû à la montée du cours des céréales qu'il trimballe d'une ville à l'autre, il cherche une troisième épouse, ce qui lui permettrait de supporter toutes les engeances du col de Hadji Gak, le camion embourbé, les bus en panne qu'il faut doubler, les ornières emplies d'eau, le froid et le vent, surtout le vent, celui qui s'engouffre jusqu'au plus profond des corps, jusque dans les âmes, celui qui balaie tout et enfante même l'oubli, qui enlève par son souvenir obsédant les chagrins et rend fou.

Abdul le Vantard ne se laisse pas impressionner et poursuit sa litanie en déclarant, d'une part, qu'il a fait l'amour dix fois la première nuit et en livrant, d'autre part, ses recettes pour garder la forme, ce qui entraîne aussitôt le silence dans le misérable caravansérail qui sent le mouton et les pieds : deux kilos de riz et cinq pains par jour, si, si, c'est pour cela que je suis fort.

Les exploits d'Abdul le Vantard, s'ils étaient confirmés, ce qui demanderait une longue et délicate enquête, portent à croire que l'antimodèle des talibans, les frasques de l'antique Mésopotamie, celles de la Babylone impie, qui autorisait un homme à prendre plusieurs femmes, en plus de l'épouse-première *(hîrtu)*, de manière à entretenir un harem de concubines, favorites et courtisanes bénéficiant du nom d'épouse, les frasques mésopotamiennes, donc, ne sont pas si bannies que cela.

Les déclamations d'Abdul le Vantard sont certes de nature à lui attirer les foudres des moines-soldats d'Afghanistan, menace d'autant plus pesante que je m'aperçois en tendant le cou que le premier poste taliban n'est qu'à cinquante mètres, en contrebas du village, signalé par un drapeau blanc au-dessus d'une masure en pisé et où trois gardes, affalés sur des sièges de voiture placés sur une terrasse, face à quelques pâtisseries, se la coulent douce.

Mais la vue du drapeau blanc n'effraie en rien Abdul le Vantard, qui poursuit son récit le plus tranquillement du monde, ce qui signifie que les talibans sont ici en pays conquis mais pas totalement soumis, récit qu'apprécie de plus en plus Zahir, qui en redemande, conscient que la relation de ces exploits vaut bien une cassette vidéo importée clandestinement des Indes.

On a beau s'approcher de l'un de leurs fiefs, les faucons restent cachés dans les montagnes du Hazaradjat. Ils craignent sans doute les vertus des chasseurs, ceux qui les attrapent après des semaines d'attente, parfois des mois, blottis dans des cahutes ou sous une vire dans les montagnes, dans des poses de patience qui rappellent le tableau de Jan Wynants, peintre hollandais du XVIIe siècle, représentant un valet penché vers ses oiseaux chéris, sept faucons chaperonnés, surpris dans une attitude d'amour et de tendresse, tableau accroché aux cimaises du musée des Beaux-Arts de Lille. Deux villages sont ainsi réputés pour la capture et l'élevage des faucons, Qargheratu et Shibartu, sur la piste qui mène aux lacs de Band-e-Amir, ces joyaux de la lumière qui muent en fonction de l'inclinaison du soleil, étendues d'un vert bleuté engendrées d'un coup d'épée dans la roche par Ali, gendre et cousin du Prophète, l'imam vénéré des chiites, qui par générosité dut accomplir des travaux d'Hercule et tuer un dragon afin de récupérer la famille d'un ami, enlevée par un mauvais roi. Ali réussit de cette façon à faire surgir six *bands*, six barrages, dits de Zulfikar, de la Menthe, du Fromage, du Prestige, du Palefrenier et des Esclaves.

Dans les villages proches de Band-e-Amir, les éleveurs de faucons s'efforcent de ne capturer que le troisième d'une nichée afin de ne pas appauvrir les lignées et permettre aux rapaces de se reproduire. S'ensuit une longue phase de dressage, guère éloignée de la méthode prônée en 1634 par Pierre Harmont, dit Mercure, fauconnier de la chambre royale, qui recommandait de « tenir le faucon au poing dans un salon, de retirer le chaperon qui recouvre sa tête, de le nourrir à la viande, puis de lui donner de l'assurance en s'éloignant peu à peu avec une longe et de revenir sans cesse, afin que le volatile s'habitue à l'absence et à la présence du maître, puis ayant fait cela pendant trois ou quatre jours, comme vous reconnaîtrez son assurance, vous le ferez porter au jardin, et ainsi de suite jusqu'à le faire monter à cheval avec vous et l'emmener loin dans les champs et les bois, en criant "La, la, la, la" ».

Toujours est-il que plus le visiteur poursuit son ascension vers les montagnes du Hazaradjat, même très cruelles, s'éloignant donc chaque jour davantage du berceau des talibans, plus il constate une réjouissance certaine dans les regards des hommes, et même des femmes, peu à peu dévoilées, de sorte que les mots de Gérard de Nerval à la poursuite d'*Aurélia* dans son voyage onirique prennent toute leur valeur : « On a souvent parlé de nations proscrites, vivant dans l'ombre des nécropoles et des catacombes ; c'était ici le contraire sans doute. Une race heureuse s'était créée, cette retraite aimée des oiseaux, des fleurs, de l'air pur et de la clarté. »

Avant de parvenir dans la vallée de Bamiyan, la piste s'engage dans les gorges de Pai Mori aux parois successivement rouges et noires, surmontées de temps à autre, au-delà de falaises un peu raides pour les amateurs que nous sommes, pour ne pas dire novices à part entière, de tours de guet, et, juste avant que la rivière Kalu se jette dans un trou immense, afin de resurgir quelques centaines de mètres plus loin, apparaît une petite dalle sur la gauche, avec une cavité carrée de laquelle sourd une eau aussi orangée que fumante. Le bain ressemble à un lavoir et le voyageur peut plonger dans cette baignoire carrée aux parois de briques. Le seul point troublant est que le bain jouxte la piste, qui a le malheur de dévaler la pente à quelques mètres de cet endroit magique, enclavé entre deux falaises escarpées et trop proche du regard des talibans. La baignoire, dédiée au gendre du prophète Mahomet qui aurait traîné ses guêtres par ici, offre pourtant des vertus magiques, notamment celles de soigner les rhumatismes et de calmer les esprits excités, ce qui serait du plus grand bienfait pour Zahir, mais celui-ci redoute d'être coffré pour un minuscule délit de nudité, un morceau de peau dévoilé, à son plus grand regret, comme il regrette aussi de ne pouvoir apercevoir des femmes plonger dans ces eaux chaudes, là, entre ces gorges qui semblent se mouvoir, qui s'élèvent vers les cieux à vous en donner le tournis. Zahir est sûr aussi que beaucoup de femmes, éreintées par le voyage, tourmentées par les légendes de dragon, donneraient volontiers un peu de leur pudeur pour s'asperger de cette eau miraculeuse, ici, loin des talibans, à condition que de bonnes âmes comme lui montent la garde, pourquoi pas au sommet des tours de guet à moitié détruites mais qui permettent encore à qui veut bien escalader leurs ruines d'observer la venue de l'ennemi, celui qui empêche les corps de soulager les souffrances, les regards de s'échanger et l'affect de circuler.

Lente descente vers la vallée de Bamiyan par la piste des antiques caravanes, celles de la soie, avec Zahir qui décompresse de plus en plus, on s'approche de mes amis talibans, je le sens, ils ont réussi à reconquérir ce pays barbare, non, vraiment, cela n'a pas dû être facile. Après une tentative d'ascension de la falaise, tentative interrompue au bout de quelques mètres en raison de la fragilité de la roche, de la quasi-certitude de ne pouvoir dégoter un nid de faucon et du péril ambiant, les mines, les mines ! hurle Zahir, j'aperçois au sommet de la vallée une immense roche rouge, un flanc de montagne raviné qui ressemble à du grès, comme de la pierre volcanique travaillée par les pluies. Elle est surmontée de ruines et de remparts, des maisonnées qui datent de Gengis Khan, entrelacs de tours de guet et de murailles, de bastions et de fortins surgis de la roche, la Ville rouge, perchée au-dessus de la rivière et cernée par deux précipices. Un étroit sentier y conduit, mais Zahir, qui tend à se répéter un peu, hurle de nouveau : Les mines, les mines !

La falaise de pourpre, que photographia Ella Maillart dans les années 1930, était imprenable et le demeure.

Lors des attaques sur la route de la soie, les habitants du cru se retranchaient sur ces hauteurs, bloquaient l'accès du sentier empruntant un tunnel creusé dans le roc et retiraient les échelles de bois. Des souterrains permettaient d'aller quérir l'eau des rivières. La Ville rouge résista ainsi pendant des lustres. Mais, un jour, la sentinelle postée sur sa plate-forme repère un détachement plus gros que d'habitude, une armée d'ombres à cheval, commandée par un chef entouré d'une cour pléthorique. Le ciel est d'un bleu cru ce jour-là, et la Ville rouge découvre plus que jamais ses atours. Le général qui presse ses troupes à ses pieds en cette année 1221 n'est autre que le petit-fils de Gengis Khan, envoyé pour mater cette contrée félonne, qui gêne l'empereur mongol dans ses impériales ambitions. Le petit rejeton, qui s'appelle Mütügen, est un peu fatigué. Il a mené ses troupes pendant des mois pour franchir les déserts, puis les cols de trois mille mètres, en ferraillant contre chaque village accroché aux versants des montagnes, autant de nids de faucons qu'il s'agissait de brûler. Le prince Mütügen, qui est le petit-fils préféré de Gengis Khan, sait que l'Aïeul bien-aimé, la Lumière du peuple des steppes, lui réserve un avenir fastueux. Il ne peut perdre devant la Ville rouge qui le défie, cette ville qui détient la clé de son empire, là-haut, au sommet de roches qui semblent suinter de sang. Épuisé, Mütügen envoie un bataillon qui se casse les dents, un deuxième qui subit le même sort, et finit par se rendre en personne au pied de la falaise. Comment toi, sordide petite ville des hauteurs, minuscule cité des montagnes, peux-tu prétendre arrêter l'illustre horde, celle qui fait trembler le monde ? Mütügen, en guise de réponse, reçoit une flèche en plein cœur.

Gengis Khan, qui ferraille à la tête de son immense armée non loin de la Ville rouge, apprend la nouvelle. Il est ivre de douleur, et son âme saigne. Son héritier est mort, le dauphin qui piaffait d'impatience, ce jeune homme au sang vif, à la fougue éternelle, expédié ad patres par une flèche de la honte, celle lancée d'une forteresse perchée au sommet d'une montagne rouge qui, puisqu'elle n'est pas mongole, ne peut être que dérisoire. Alors, Gengis Khan rassemble la horde, dépense des trésors d'or et d'argent pour motiver ses soldats, abandonne les batailles qu'il mène à droite et à gauche, et fond sur la ville de Bamiyan. Il détruit tout sur son passage, brûle les maisons et les hommes, ordonne que la malédiction règne sur la contrée pendant des siècles et des siècles. La ville des Soupirs, au pied des Bouddhas gigantesques, est rasée, et la Ville rouge, à quelques verstes, ne peut longtemps résister. Marâtre ténébreuse, la mère du prince mort pénètre elle-même dans la forteresse vaincue et, histoire de mettre son grain de sel, demande à ce que l'on massacre encore un peu plus. Elle pleure pour stigmatiser les Mongols, las de tant de sang versé, alors que d'autres trésors sont signalés par-delà les montagnes. Mais la mère, qui n'a pas l'air commode, s'énerve, exige davantage, amenez-moi les femmes enceintes, et les femmes enceintes sont amenées, et les femmes enceintes sont éviscérées, et les bourgeons de leurs entrailles sont écrasés afin que le sang de ces ennemis ne puisse plus jamais engendrer. Ce n'est pas encore assez : la vengeance est une matrone insatiable, et la génitrice du prince défunt commande qu'on extermine maintenant les bêtes, les chevaux, les ânes, les poulets, égorgés un à un. « La ville, écrit Pétis de la Croix dans son *Histoire de Genghizcan* publiée en 1710, devint un monceau de ruines et le pays d'alentour un affreux désert. »

La malédiction, disent les Afghans, dure encore et le pays entier ne s'est jamais relevé de la terrible vengeance de Gengis.

Après avoir bu une autre rasade de thé dans un caravansérail avec Zahir, décidément en verve dès qu'il approche d'un poste tenu par les talibans et plongé dans une longue conversation avec un ingénieur devenu l'aide de camp d'un petit seigneur local, j'aperçois le bourg de Bamiyan planté dans la vallée au pied des deux Bouddhas géants, taillés dans la roche. Le chauffeur manifestant son empressement à quitter les lieux, Zahir doit interrompre sa conversation et il abandonne l'ingénieur, à mon grand déplaisir, car la discussion commençait à devenir franchement intéressante, l'ingénieur un peu taliban sur les bords, et même beaucoup, vilipendant les films dans lesquels apparaissent des femmes mais se déclarant favorable à la danse et à la musique parce que cela lui rappelle de merveilleux souvenirs, souvenirs qu'il ne peut préciser, soit par pudeur, soit par manque de mémoire, soit par peur des talibans, et peut-être les trois raisons à la fois, avec cependant un œil éclatant, presque humide, regard qui trahit incontestablement un penchant trouble pour la sarabande amoureuse et de nombreux autres péchés.

L'un des deux Bouddhas, au pied duquel traîne une multitude de talibans qui ont installé là une cache d'armes, a souffert des derniers combats, et sa tête, avec un visage qui a disparu depuis belle lurette par iconoclasme, présente d'immenses traces de suie, comme si les talibans y avaient fait brûler des pneus. Les hommes au turban noir, qui ne semblent guère apprécier la visite, montrent des signes évidents d'énervement et, pour ne pas subir le sort du Bouddha à la face brûlée, nous battons en retraite, en trébuchant sur des roquettes placées là, sur le chemin, comme des offrandes maléfiques. Zahir, qui a bien ajusté son turban noir, ne peut s'empêcher de jouer avec les roquettes, ce qui entraîne un prompt mouvement de repli du narrateur, qui réalise à cet instant précis que les armes en question sont toujours munies de leur détonateur, délicate attention des talibans pour les rares pèlerins ou visiteurs qui s'aventureraient au pied des Bouddhas et des falaises. Pendant ce temps, Fereydoun a trouvé place dans un camion qui n'a plus de roues, plus de moteur, mais qui depuis son fauteuil miteux offre un point de vue inénarrable sur le Bouddha de trente-huit mètres de haut, entouré d'une kyrielle de trous dans la falaise, habitations troglodytes qui permettent aux habitants de trouver un refuge quand les talibans ont la détente un peu trop facile. Les souterrains sont ornés de fresques, mais nombre d'entre elles ont disparu sous la pioche ou sous les graffitis, par pillage ou iconoclasme, vertus que les mollahs au turban noir mélangent allègrement. Au pied des Bouddhas géants, contrairement à ce qu'énoncent les miliciens, rien ne porte à croire que ces œuvres de pierre puissent contrecarrer la foi des hommes, à moins qu'elles ne gênent Mollah Omar, le chef suprême des talibans, dans sa quête bassement matérielle du culte de la personnalité.

Et là, face aux orteils du Bouddha, cerné par les roquettes, les mines, les talibans patibulaires, on contemple l'œuvre du jeune commandant taciturne Abdul Wahid, celui qui avait commencé à bombarder les immenses statues, symboles de la première vague du gigantisme bouddhique, lequel gigantisme allait faire de l'ombre aux talibans, une œuvre destructrice effectuée avec l'assentiment de ses pairs, d'autant qu'elle permettait non seulement de détruire au canon une représentation humaine, mais aussi, et cette mission se révélait autrement plus importante, d'effacer ce que semblaient murmurer ces hommes de pierre, là-haut, dans la falaise, à savoir, comme le proclament les *Dhammapada*, recueils de textes anciens en pali, qu'« un pur trouve toujours un plus pur qui l'épure ».

Un mollah à lunettes qui ressemble étrangement à Massoud nous a emmenés dans les galeries creusées près de la tête du grand Bouddha, ancré dans la falaise. Lorsqu'on approche le vide pour surgir sur la tête du Bouddha, comme au sommet d'une grotte qui ouvre sur la vallée, on ne peut s'empêcher de penser aux iconoclastes, à ceux qui guettent avec le canon pour détruire au moindre prétexte toute représentation humaine, et celle du Bouddha au premier chef, cette idole impie. Mais le mollah à lunettes a donné sa promesse, ne vous inquiétez pas, je protège tout ça, il n'y aura plus jamais de pillage, je respecte les minorités, moi. Le jeune commandant qui avait lancé ses obus sur les deux autres Bouddhas, lui, court toujours.

Il faut noter cependant que la notion d'iconoclasme se monnaye, comme tout, d'ailleurs, en Afghanistan. Régulièrement, des commandants talibans passent avec armes et bagages à l'ennemi dans les montagnes, et peut-être un jour pourrons-nous croiser dans les rangs des anti-talibans le commandant taciturne qui commença à chatouiller à l'explosif les Bouddhas. Il suffit pour obtenir ce retournement de veste de payer le prix fort, une bonne mallette pleine de roupies pakistanaises ou de dollars, et le dogme vole en éclats car, comme l'énonce un taliban du cru, vous comprenez, il faut bien vivre et nourrir les hommes.

Après avoir rabroué le commandant iconoclaste, les grands chefs talibans ont fini pourtant par lui donner raison, en ordonnant, quelques mois après notre passage, de raser toute la statuaire d'Afghanistan, tous les symboles de pierre, les représentations humaines, et tant pis si le Coran n'interdit que la représentation de Dieu, les talibans s'en moquent : il s'agit avant tout d'éradiquer cette mémoire, cette foutue propension à tolérer l'autre, cristallisée dans les immenses effigies minérales, première rencontre entre l'Orient et l'Occident. Et puisque sa fatwa, son décret religieux, a été appliquée avec quelques jours de retard, le mollah reclus de Kandahar a piqué une nouvelle colère et ordonné que l'on sacrifie cent vaches dans tout le pays afin de punir les dignitaires et vizirs qui ont manqué d'esprit de zèle, sans que l'on puisse voir un lien direct entre les statues et les bovins, à moins que le dirigeant bien-aimé ne se prépare à une nouvelle fatwa qui interdirait la représentation animale. Et c'est ainsi que les Bouddhas de pierre ont été rayés de la carte, afin de balayer l'histoire non taliban, et l'Histoire tout court, et de créer un homme nouveau au Talibanistan.

Dans le bourg de Bamiyan, posé au milieu de la petite vallée, sous les falaises des Bouddhas, je fis la connaissance d'Arthur le Samaritain, qui œuvrait pour une organisation humanitaire. Arthur le Samaritain avait une courte barbe, des gestes doux, une sensibilité d'écorché vif et un regard pétillant. Il était arrivé dans cette région reculée d'Afghanistan deux ans plus tôt et avait survécu aux combats entre talibans et Hazara en se terrant dans un abri pendant plusieurs semaines, ce qui lui avait valu la reconnaissance des uns et des autres, précaution qui l'autorisait à envisager l'avenir sous un jour serein, c'est-à-dire tout simplement de rester en vie, si l'ennemi venait pointer à nouveau son nez dans les parages. Ce qui l'inquiétait, c'étaient non pas les talibans, nouveaux occupants des lieux, mais les confrères humanitaires en contrebas, en poste à Kaboul, dont les querelles entravaient son action dans les montagnes. Avec ses travaux de reconstruction de ponts, de routes et de kareez, les canaux d'irrigation, Arthur le Samaritain était parvenu à embaucher deux mille quatre cents Afghans, qui nourrissaient autant de familles, soit à l'échelle de Bamiyan un petit royaume. Arthur le Samaritain redoutait l'arrivée d'un instant à l'autre d'une équipe de Kaboul qui réglerait les comptes, visite qui allait entraîner sa démission.

Il m'emmena dans la montagne, au-delà d'un petit vallon où gisait un autre Bouddha et de la falaise duquel on découvrait un boyau qui avait permis aux Hazara de fuir face à l'avancée des talibans. Il désignait au loin la vallée verte et détaillait le labeur de ses ouvriers. Nous marchâmes longtemps dans la nuit tombante, le souffle court. Il riait aux éclats lorsque nous parlions des talibans, de sacrés voleurs, ils cherchent à tout me piquer, des containers, des foreuses, des pick-up, dix-huit mille litres d'essence, plus diverses tentatives de racket plus ou moins louches, plus ou moins subtiles, comptabilité du larcin qui rappelait que l'art de la rapine dépeint en 1815 par Mountstuart Elphinstone dans *An Account of the Kingdom of Caubul* était toujours au goût du jour et démontrait qu'en matière de loi talibanesque, à savoir l'amputation pour le moindre larcin, il y avait encore un sacré boulot en perspective pour le bourreau du coin, à moins que lui-même ne fût inclus dans le lot, ce qui, d'ailleurs, était fort probable.

Arthur le Samaritain habitait dans une grande maison qui lui servait aussi de bureau, d'entrepôt, d'atelier, quand les outils et les moteurs n'étaient pas dérobés. Les murs se révélaient très froids l'hiver, et, comme il n'avait personne à ses côtés pour le réchauffer, il fallait beaucoup de foi en son action pour permettre à Arthur le Samaritain de survivre en pays hostile. Quand je lui demandai pourquoi il avait choisi de s'installer dans un lieu si isolé, de surcroît pendant un an et tout seul, il répondit simplement, avec son sourire angélique dans la brise qui descendait des montagnes :

« Parce que je n'aime pas l'injustice », sans qu'il ait à expliquer ce que signifiait pour lui l'injustice. Il regardait la vallée comme s'il s'agissait de son domaine, avec ses élèves, ses pères de famille dont il parvenait à assurer la subsistance, les parcelles qui avaient retrouvé leurs paysans, les maisons qui lentement se reconstruisaient, les échoppes qui se rouvraient dans le bourg, deux cents déjà, les commerçants pachtouns qui estimaient que le pays n'était finalement pas si cruel que ça.

Arthur le Samaritain n'allait pas tarder à recevoir la visite de l'équipe de Kaboul qui s'annonçait pour batailler sur de nombreux différends. Entretemps, il réussit à convaincre le mollah-gouverneur de l'endroit, Mollah Islam, un Tadjik qui s'était voué à la cause taliban, de me rencontrer. Le seigneur local se fit attendre dans le salon des hôtes, encombré des lieutenants, aides de camp, conseillers divers, et lorsqu'il entra, avec ses grosses lunettes rectangulaires aux verres teintés qui balayaient l'assistance de petits coups à droite et à gauche comme une belette, tout le monde se leva pour lui souhaiter les formules d'usage, que la paix soit avec toi, ne reste pas fatigué, es-tu en forme, comment va ton père, et ton fils, et ton frère, main repliée sur le cœur, embrassades, effusions, confusions, et que la vie continue à te porter chance, et que la prospérité soit sur toi, phrase très prononcée dans les parages, vu le nombre de voleurs qui avaient l'air de bien aller et couraient toujours, ma foi, avec les membres intacts.

Le mollah à grosses lunettes prit place au bout du tapis rouge, entre deux lucarnes qui donnaient sur les montagnes, et sous une carabine de chasse, ce qui n'était pas forcément de bon augure. Alors que l'assemblée s'asseyait en un superbe mouvement de synchronisation, comme un seul taliban, pourrait-on dire, le mollah-gouverneur poursuivit dans la position du tailleur ses formules de politesse et se lança dans une litanie de compliments à l'égard d'Arthur le Samaritain, un travail formidable, on l'apprécie beaucoup, comme si le mollah avait deviné les intentions de son hôte, qui n'allait pas tarder à plier bagage avec la venue des gens de Kaboul.

Les gardes nous servirent à manger, et surgit une somme de victuailles, du ragoût de mouton, du riz frit, des légumes, des fruits, afin que le mollah à grosses lunettes et ses aides de camp puissent plonger aussitôt leur main dans les plats. Mon voisin, un homme qui n'était pas très porté sur les talibans mais qui s'était retrouvé entre ces murs en sa qualité de notable, me détailla l'assistance. On comptait sur les matelas, les sofas et les nattes : le responsable de l'éducation, un homme de vingt-huit ans qui ressemblait comme deux gouttes d'eau à Cat Stevens, converti à l'islam sous le nom de Yussuf Islam, et qui avait combattu dans les rangs de la résistance contre les Soviétiques en se payant soixante-dix tanks au lance-roquettes avant d'être promu chef de secteur, ce qui suscitait chez lui un amour inconsidéré pour les lance-roquettes et plutôt une haine pour les écoles ; à ses côtés, le patron des finances de l'endroit, poste d'avenir chez les talibans – échoppes imposées et camions rackettés, en plus des octrois habituels sur le chemin ; à gauche, un petit seigneur de la guerre qui avait retourné sans ambages plusieurs fois sa veste, laquelle était flambant neuve ; et, plus loin, un grand commandant, le sosie du commandant

Massoud, du moins lorsqu'il enlevait ses lunettes, ressemblance qu'il n'acceptait pas aisément.

Pendant qu'un préposé à la radio militaire hurlait dans le combiné son mot de passe, « Ici Khyber, ici Khyber, m'entends-tu ? », les notables avalaient, se bâfraient comme des princes, avec du yaourt dans les barbes, du riz sur les manches, des petits os tombant sur la tunique, et déglutissaient sur le tapis, sans paroles mais avec bruits divers, des mets orgiaques, borborygmes de satisfaction, roucoulements de la glotte, claquements de langue, soupirs de satisfaction, rots, gargouillements de circonstance et diverses autres sonorités qui signifiaient que nous étions à la table des rois, ceux qui gouvernent la vallée de Bamiyan, ceux qui décapitent les statues millénaires.

Le sosie de Massoud est en verve et, après la visite de l'immense statue, de ses escaliers, de ses fresques abîmées, nous conduit jusqu'à une maison accrochée au flanc de la falaise, à moitié détruite lors des derniers combats, et dont la terrasse embrasse toute la vallée, d'est en ouest, sise à deux mille sept cents mètres d'altitude, avec vue sur les ruines de la cité des Murmures, celle détruite par Gengis Khan. Le sosie de Massoud, qui triture nerveusement son chapelet en bois, a beau dire qu'il veut défendre les Bouddhas géants, je n'en crois rien et pense même qu'il est plutôt enclin à ajouter un peu de pneus brûlés ou d'explosif comme contribution personnelle à la destinée douloureuse de la falaise aux idoles. En fait, toute représentation humaine le gêne, et c'est à ce moment précis que je réalise que le visage même d'un impie est peut-être aussi une image à détruire, et là je n'ai plus qu'une envie, prendre mes jambes à mon cou, si les sbires ici présents me le permettent encore, dévaler la pente avec ou sans Zahir, sauter à bord du premier bus venu et quitter cette vallée maudite qui n'aime pas les faciès mécréants.

Patience, patience, recommandait M. de Boissoudan, seigneur de Boissoudan, Pampelie et autres lieux, auteur au XVIIIᵉ siècle d'une remarquable méthode de fauconnerie. « Que le fauconnier soit sobre, qu'il se lève dès qu'il est jour, surtout qu'il ne mange ny ail ny oignons crus ; que le fauconnier puisse en cas d'une nécessité supporter la faim ; car, ayant son oiseau écarté, il ne doit penser qu'à le trouver, et souper quand il sera rendu […] ; je répète qu'il doit être sobre, et qu'il dorme peu ; il doit se coucher à dix heures, et se lever aussi tôt qu'il est jour. » Si on y regarde de près, sans entrer dans d'autres détails aussi importants que l'art de nourrir le faucon et l'autour aux aurores, on constate que la condition du voyageur en Afghanistan est relativement proche de celle du fauconnier trois siècles plus tôt, notamment en ce qui concerne la patience, outre la frugalité et le fait d'endurer des nuits courtes. C'est ainsi que pour obtenir une autorisation, du moins un semblant de signature au bas d'un semblant de lettre, bout de papier, feuille jaunie, afin de traverser un territoire quelconque, pénétrer dans un bourg ou visiter un Bouddha, il faut parfois attendre longtemps, le temps taliban, cette conception assez élastique de la durée, se mesurant en salamalecs d'usage, en tasses de thé et en discussions interminables sur la vie et la mort, palabres ponctuées par des phrases du genre : « nous, nous sommes purs », « nous voulons la vertu », « seule compte la droiture », résolutions qui ne sont pas sans rappeler l'éthique des fauconniers dans les siècles passés mais qui, bien souvent, évoquent aussi un certain état de duplicité, voire d'hypocrisie. Le sosie de Massoud qui me guide dans les ruines de Bamiyan, aux abords de la falaise, non loin des Bouddhas, raconte ainsi que les talibans ne sont pour rien dans la détérioration des grandes statues, que les écoles se construisent à tour de bras, en omettant de préciser qu'il s'agit de madrasa, les écoles religieuses, ce dont se plaignent les parents alentour, et que lui-même est un bon turban noir, alors qu'il a combattu dans les rangs ennemis, ceux du Hezb Islami, pendant longtemps, un parti islamiste, certes, mais qui finit par affronter les moines-soldats.

Quand on s'éloigne de Bamiyan, on ne peut s'empêcher de contempler une dernière fois les deux grands Bouddhas. Les immenses statues ont supporté bien des engeances, des furies innommables, à l'image du peuple afghan, la colère de Gengis Khan, le courroux de l'empereur mongol Aurangzeb qui pulvérisa au XVIIIe siècle les jambes du grand Bouddha au canon de campagne, puis les talibans iconoclastes, qui non seulement ont déposé des armes à leurs pieds, histoire d'effrayer les Hazara qui s'échinaient à reprendre la ville, mais qui ont aussi fermé les yeux sur le pillage, avec les fresques en stuc découpées, revendues au Pakistan et souvent maculées. Quand les fresques sont impossibles à décrocher et à piller, on trempe des chaussures dans une peinture blanche et on les presse contre elles comme un tag primitif, histoire d'imprimer sa marque censoriale et un peu de dogme taliban sur ces peintures sacrilèges, de telle sorte que la remarque de l'écrivain britannique Robert Byron, qui voyagea en Afghanistan en 1933 et consigna dans ses carnets : « Je n'aimerais pas rester longtemps à Bamiyan. Son art sent le faisandé », cette remarque prend une dimension nouvelle avec les ajouts des turbans noirs.

Je songe aux paroles du mollah-gouverneur à grosses lunettes, bien sûr que je vais protéger les grandes statues, et aux emportements du petit commandant Abdul Wahid qui trépignait de rage face aux idoles accrochées dans la roche, ravi de pouvoir dégommer un bout de bas-ventre du petit Bouddha, celui que les Afghans appellent « la femme », ainsi qu'un morceau de poitrine. Tant de destructions sont à l'échelle de l'œuvre bouddhiste dans la contrée, destinée à propager la foi jusqu'aux confins du monde, prétention à l'universel que revendiquent précisément les turbans noirs avec leur obscurantisme.

Dans la jeep qui reprend la route vers le sud, avec Zahir un peu désemparé par ses congénères furieux, destructeurs des images pieuses, j'imagine le petit commandant donner des ordres à ses artilleurs, tiens, vise-moi l'épaule gauche, et là, ajuste le tir, frappe au-dessus de la cuisse, bravo, allez, encore un petit coup sur la jambe, et puis ces fresques représentant un char aux quatre chevaux ailés, fais-moi place nette, et puis à côté les galeries, les niches, les chapelles, les grottes, les monastères dans la falaise, ces caches de pèlerins qu'il faut casser parce que c'est ainsi, c'est inscrit, nous sommes les soldats de Dieu, les maîtres de la foi, les purs d'entre les purs dans ce monde impur.

La voiture d'Arthur le Samaritain s'est encastrée dans le bas-côté terreux, son chauffeur ayant choisi, en dévalant la minuscule piste d'un vallon, de prendre le plus court chemin pour frôler la rivière et descendre un talus boueux. La nuit approche, fraîche, noire et ventée, et le tout est de savoir s'il s'agit de dormir ici ou non. Alors, du versant oriental, là où s'étale un hameau de maisons aux cheminées fumantes, surgit une horde de paysans, avec fourches, pelles, cordes, couteaux, sans que je puisse savoir s'il s'agit d'outils pour nous désembourber ou d'ustensiles pour cuisiner les étrangers qui s'aventurent par ici. Le sourire angélique d'Arthur le Samaritain s'avère, au sens littéral, désarmant, et les ustensiles sont employés à dégager la jeep, au prix de tirages de corde, respirations bruyantes, mouvements cadencés, tandis que Fereydoun le chauffeur, qui semble se moquer d'avoir failli précipiter le véhicule dans la rivière, répète interminablement, en regardant la piste droit devant : « Si Dieu le veut, si Dieu le veut. »

En chemin, je glisse un œil sur le dictionnaire anglais-pachto de Zahir, et le premier mot que je découvre est « débauche », ce qui fait sourire Zahir, tu n'as pas de chance, tomber sur ça, heureusement que les jeux de hasard sont interdits chez nous.

En fait, en approchant de Kandahar, on est en droit de se demander où commence la débauche, celle qui est interdite par le Coran, celle qui prohibe la déviance, en découvrant à droite et à gauche des champs de pavot, ces vallées du mal que cultivent des nuées de paysans. Omar Khayyam, le grand poète persan du XIIe siècle, maître des quatrains, les fameux *robâ'iyat*, écrivait :

Le monde ne cesse de me qualifier de dépravé.
Je ne suis cependant pas coupable.
Ô hommes de sainteté ! examinez-vous plutôt vous-mêmes et voyez ce que vous êtes.

Sur la route de Kandahar, on peut apercevoir des tentes de nomades, des hordes de chameaux, des caravanes de djinns, ces tourbillons de sable qui effraient Zahir, et, au détour d'un virage, sur un petit col, un aigle royal *(Aquila chrysœtos)* dévorant une carcasse d'animal. À défaut de faucon, le grand rapace fera l'affaire. Son cou jaune est plongé dans les entrailles de la bête, un chameau qui empuantit l'atmosphère, et quand Zahir s'en approche, sans précaution, un peu engourdi par la durée du périple, toussant de poussière, les yeux rougis par la fatigue, l'aigle royal nous regarde un long moment, prend une nouvelle becquée de viande et s'envole aussitôt pour disparaître derrière la colline, me laissant désemparé.

En guise de consolation et pour tenter d'amadouer mon énervement après tant de jours d'attente, Zahir détaille dans la voiture comment les chasseurs afghans attrapent les faucons. Ils installent sur un perchoir une poule ou un lapin que le faucon va venir dévorer peu à peu. Ou, autre variante, pour les faucons chassés dans les montagnes, on pose un piège, une sorte de muselière, sur le dos d'un oiseau qui attire le rapace. Lorsque celui-ci plonge vers la proie et lui saisit le cou, le piège se referme, et l'oiseau-appât avec son faucon prisonnier sur le dos est ramené par le chasseur à l'aide d'un long fil.

L'élevage du faucon rappelle les méthodes du Moyen Âge qui n'ont guère changé, particulièrement en matière de greffe lorsqu'il manque une plume à la voilure du rapace, que l'éleveur remplace par la plume d'un autre volatile. Quand le faucon est capturé, il est entraîné à la chasse au moyen d'un mannequin de chèvre placé sur roulettes pour l'encourager à se jeter sur la proie. Le dressage peut durer des semaines, voire des mois, autant que la capture qui exige des trésors de patience, dans des caches, des huttes de branchage, des sortes de nids d'aigle posés sur la montagne où les familles se relaient. Les paupières du faucon adulte sont cousues, puis le maître prend soin de le couvrir d'une capuche de feutre lorsqu'il est au repos. Le dressage devient particulièrement délicat quand il s'agit d'inciter le rapace à crever les yeux de sa victime, afin de la gêner dans sa course. Le dressage terminé, les faucons sont bouclés dans des cages de paille pour partir vers Kandahar, à dos de chameau ou en voiture, l'éleveur prenant soin de les faire voler à l'étape afin que leurs ailes ne se rouillent pas et de les nourrir à la poule ou à l'oiseau afin qu'ils ne s'enfuient pas au premier jour de la chasse. Les meilleurs oiseaux de proie, les plus véloces, les plus subtils dans l'art de faire choir la victime, notamment le faucon sacre *(Falcon cherrug)*, sont vendus, au terme d'une longue chaîne de négoce où chaque intermédiaire peut doubler la mise, jusqu'à plusieurs centaines de milliers de dollars à de riches princes d'Arabie, où l'on chasse au rapace depuis des générations, de fauconnier père en fauconnier fils, en quête de l'outarde, du lièvre du désert et de l'œdicnème, pratique cynégétique cautionnée par le Coran et renouvelée en terre d'islam lors d'incroyables voyages dans le désert au son des chants tribaux depuis les grandes chasses de Gengis Khan.

À Kandahar aussi, la grande ville du Sud, on compte doubler la mise. La ville s'est prodigieusement enrichie en moins de deux ans. On y dénombre des quantités de concessionnaires automobiles, des échoppes bien achalandées, des talibans qui se pavanent dans des restaurants cossus et des maisons bâties à grands frais. Les Tchétchènes y disposent d'un consulat, une maison à cour carrée à l'écart de la grande route, et Mollah Omar, le chef des talibans, le dirigeant bien-aimé, le guide suprême, le commandant visionnaire qui a perdu l'œil droit, le chef d'État le plus secret au monde, celui qui ne veut plus rencontrer d'infidèles et qui n'a jamais pu être photographié, le raseur de statues, l'un des plus grands coupeurs de mains et briseurs d'idoles de l'Histoire, fils de pauvres paysans qui ne s'est rendu que deux fois à Kaboul, ville qu'il déteste, Mollah Omar a ordonné à sa milice d'ériger une université islamique en plein centre-ville, qui portera modestement son nom et de laquelle seront exclues les femmes, même celles qui s'avoueraient très pieuses, au grand dam de maints habitants de la ville qui pensaient trouver là l'occasion rêvée de caser leur fille et aussi d'adorer davantage ce potentat que l'on dit éclairé, même s'il vit dans une quasi-obscurité et reclus dans sa villa, celle qui faillit exploser lorsqu'un camion chargé de deux cents kilos de poudre sauta à quelques dizaines de mètres de là. Ironie du sort, les seuls messages qui portent aux nues Omar, patronyme affiché sur maints murets de Kandahar, sont ceux de l'organisation de déminage du même nom, de quoi susciter la jalousie du chef suprême, cacique qui feint de s'entourer de conseillers, de vizirs, et de plaider le consensus pour mieux régner en despote, calife des califes, entraînant dans ses lubies le pays tout entier, lequel commence à psalmodier à voix basse que le responsable de toutes ces avanies est précisément le roitelet à moitié aveugle et qui a le toupet de se prendre pour la Lumière de l'Orient, murmures de dégoût que l'on entend même parmi ses amis d'hier, ses fidèles d'entre les fidèles, estomaqués par cette folie passive, voire suicidaire, tant et si bien qu'à parcourir l'Afghanistan le voyageur ressent la curieuse impression que le royaume tout entier des turbans noirs marmonne à voix basse : « Omar m'a tué. »

L'attentat manqué contre le mollah borgne a eu comme conséquence fâcheuse de souffler une bonne partie de la maison d'hôte où j'espérais trouver refuge. Lorsque je poussai le portail bleu, je constatai une certaine anarchie, des banquettes renversées, les meubles disparus, et des vitres brisées. Des talibans qui gardaient l'entrée se ruèrent sur moi, que veut cet intrus, passe ton chemin et autres paroles de bienvenue que je m'empressai de respecter étant donné la proximité de la villa hautement surveillée du dirigeant bien-aimé. J'eus le temps de regarder la chambre où j'avais séjourné et dont il ne restait plus grand-chose, meublée seulement de paillasses pour talibans. Il faut reconnaître qu'en dépit de l'ambiance d'anarchie qui régnait dans l'endroit les nouveaux occupants avaient pris soin de tout balayer, jusqu'aux morceaux de verre, ce qui signifiait deux choses, soit que les talibans ici présents manifestaient un penchant pour la propreté, y compris au moyen du nettoyage par le vide des meubles et babioles de la maison d'hôte, soit qu'ils avaient tenu à dissimuler le moindre signe d'un attentat contre leur dirigeant suprême. Lequel doit désormais faire attention dès que son convoi de jeeps, deux véhicules aux vitres teintées exactement semblables afin de tromper l'ennemi, précédées et suivies d'autres voitures bourrées de miliciens en armes, croise un camion un peu chargé.

Mollah Hassan est un ministre qui se gratte continuellement la cuisse, au-dessus de la prothèse. Lorsqu'il s'affale sur un sofa, il glisse sa jambe de bois sous la table basse, celle du thé, et égrène son temps à pousser les pieds du meuble. Il aime recevoir des invités et encore plus les faire poireauter dans ses demeures de Kandahar, surtout le soir lorsqu'il doit écouter les nouvelles de la BBC en pachto, l'oreille collée à un petit transistor noir, assorti à son turban. Gouverneur de Kandahar et de tout le sud de l'Afghanistan, Mollah Hassan est un homme très occupé en sa qualité non seulement de roi de la contrée, mais aussi de grand dignitaire du régime taliban, de chef des armées du coin, c'est-à-dire la base arrière des talibans, et d'émissaire entre les diverses factions du régime, ce qui nécessite de fréquentes allées et venues entre les différentes villas de Kandahar et lui permet de dégourdir sa jambe valide.

Mollah Hassan a entamé le djihad, la guerre sainte contre les Soviétiques, dans la province de Kandahar, où il a perdu sa jambe et gagné une certaine aura dans le monde des maquisards. Lorsque les paysans ont commencé à gronder dans les parages, il s'est imposé pour prendre la tête de la jacquerie contre les bandits, les malandrins de l'octroi, les rois du racket qui jalonnaient les routes et écumaient les campagnes. Cela lui a valu une certaine popularité, un unijambiste ferraillant contre les brigands, comme un Robin des bois clamant la pureté, rien que la pureté. Quelquefois, Mollah Hassan reçoit, allongé dans sa chambre meublée d'un matelas crasseux et d'un fauteuil, la jambe artificielle croisant la jambe valide, tournant le dos à un vieux coffre-fort à grosse poignée, comme s'il le gardait. Que contient-il, ce coffre-fort duquel les serviteurs détournent soigneusement leur regard, comme s'ils savaient, ou comme s'ils voulaient éviter la tentation ? On murmure à

Kandahar que le chef suprême, le borgne Mollah Omar, dort sur une couche bourrée de dollars et de roupies pakistanaises, un trésor qui lui permet de payer les sbires et les vizirs à sa guise, confondant sûrement sa cassette avec les caisses de l'État, ou ce qu'il en reste. Les royalties de l'émirat taliban n'ont pourtant guère été engendrées par la pureté et proviennent plutôt des trafics de l'opium et de l'héroïne, paradis artificiels sur lesquels les proches du dirigeant éclairé ferment les yeux, de telle sorte que l'on n'a qu'une envie lorsque l'on approche un grand dignitaire taliban, unijambiste ou borgne, entendre le mot de Corneille dans *Théodore* : « Dieu de la pureté, que vos lois sont bien autres ! »

Mollah Hassan n'en finit pas d'écouter les nouvelles de la BBC en pachto, avachi dans le canapé du salon dont l'horloge ne fonctionne pas et près d'une lampe de chevet sans abat-jour, tandis que les serviteurs retournent sans cesse au fourneau afin que les plats ne refroidissent pas. Lorsqu'il daigne éteindre son appareil, après avoir pris une mine sombre, augurant d'une décision importante qu'il susurre à l'oreille de son voisin, il nous invite à sa table, une vraie table, sur laquelle ses hommes ont placé une multitude de mets, salades, viandes, poulet, mouton, riz frit, légumes, ragoûts, de sorte que l'abondance de plats dans la ville sainte des talibans semble indiquer le rang des dignitaires. Sirotant de temps à autre un soda, et la barbe dans le yaourt liquide, le mollah unijambiste parle de tout ce que le monde reproche à l'Afghanistan, blâmes qu'il prend pour de la jalousie. Aux islamistes internationalistes, ceux qui veulent le grand djihad dans le monde entier et qui se contrefoutent de ce qui se déroule en Afghanistan, cette petite guerre fratricide de rien du tout entre turbans noirs et bérets en laine de Massoud, le mollah qui claudique tend la main. Ils nous ont aidés, après tout, il faut bien qu'on leur donne le gîte et le couvert ! Il est un peu las de l'ostracisme contre ce pays, vous verrez, un jour, vous comprendrez l'importance de l'émirat. Justement, l'importance est déjà reconnue, surtout en matière de production d'opium, la « mort voluptueuse » de Balzac, l'émirat déployant des talents particuliers pour inonder les chemins de la drogue, pâte opiacée, la fée verte de Jarry, et tous ses dérivés, brown sugar, morphine, héroïne blanche ou brune, plus ou moins pure, à l'image d'ailleurs du régime taliban. Mollah Hassan effectue alors un signe que nous pouvons interpréter comme un geste contre le mauvais sort : il se gratte la tête en soulevant son turban, puis la barbe, puis la jambe au-dessus de la prothèse, comme si un fourmillement courait dans son corps, résultant soit de l'écoute de la BBC en pachto, soit de la discussion avec l'étranger, qui n'en est plus tout à fait un puisqu'il est invité à partager les mêmes plats et à tremper sa barbe dans le bol de yaourt liquide, une barbe ridicule qui, en l'occurrence, permet de moins se salir. L'émirat est prêt à éliminer un tiers de la production d'opium, dit le mollah unijambiste, suivant en cela les directives de son maître, le mollah borgne, et d'autres caciques couturés, à cicatrice, à handicap, tous plus ou moins gênés de leur personne, à croire que diriger l'émirat des talibans vous diminue un peu. Mais, évidemment, si l'Occident avait un peu d'argent, même beaucoup d'argent à nous donner, cela irait très vite, parce que, nous, nous n'avons pas grand-chose, regardez dans les rues, le nombre de gamins qui courent et ne vont pas à l'école, on n'a vraiment pas de quoi bâtir des murs, encore moins des classes pour filles, tout ça viendra après. Et puis il faudrait reconnaître notre émirat, ouvrir des ambassades, ne plus nous embêter avec toutes ces histoires, ces questions de drogue, de terrorisme, de trafics.

À ma gauche, un autre homme trempe lui aussi sa barbe dans le yaourt liquide. C'est le chef de la diplomatie de Kandahar, Mollah Fazel Mohammad, qui n'est ni borgne ni unijambiste mais qui arbore un turban beige, seule touche de couleur dans cette marée de couvre-chefs sombres, et qui a la particularité de toujours sourire, signe apparent d'une bonne humeur plutôt rare dans l'assemblée, tellement morose que l'on craint d'éternuer. Quand il porte à ses lèvres une bouteille, je lui fais remarquer qu'il s'agit de Pepsi-Cola, une boisson sûrement ennemie, et il répond en riant, je sais, personne n'est parfait, même chez nous, ah, ah, ah, pendant que le vizir unijambiste énonce une sorte de chantage, donnez-nous de l'argent et du respect, et on vous coupe tout ça, tout ce qui dépasse des champs de pavot, on vous ratiboise les laboratoires de poudre blanche et on assèche la source qui mène jusqu'à vos villes, faites-nous confiance, ratiboiser, on sait faire.

Fazel Mohammad, le vice-ministre des Affaires étrangères au turban beige, ne se départit jamais de son humour, malgré le fait que l'homme humoristique soit une espèce en voie de disparition en pays taliban. Ce qui surprend aussi, c'est sa capacité à enjoliver la réalité, à ajouter des touches sur le paysage de l'émirat, mais si, les femmes peuvent travailler – sans doute songe-t-il alors aux travaux ménagers –, mais on ne peut pour l'instant leur offrir de bonnes conditions, donc nous les protégeons, et si on ne leur trouve pas de boulot, c'est pour mieux garantir leur sécurité, car, je vous l'assure, elles sont libres. Le vizir m'invite deux jours plus tard dans son minuscule ministère, quelques pièces en rez-de-chaussée qui ouvrent sur un jardin, un ministère fraîchement peint devant lequel deux Mercedes noires attendent sous des bâches en plastique une éventuelle tournée de diplomates. Dans le petit salon des visiteurs, là où les talibans, quelques mois plus tôt, avaient parqué des prisonniers iraniens faute de place dans la geôle, le mollah-diplomate reprend son sourire habituel et, sans les acolytes, les vizirs, loin du calife, explique qu'il y a finalement beaucoup de malentendus entre le monde et les talibans, et que le monde ignore sans doute la vérité. Lorsque la guerre faillit éclater avec l'Iran, en 1998, les mollahs afghans entendaient donner une leçon au puissant voisin, sans savoir que les Persans, héritiers des ennemis d'hier, n'allaient faire qu'une bouchée de l'émirat, armé de quelques canons et vieilles pétoires. Les chefs de guerre talibans stigmatisaient leurs troupes, on va défendre le pays, alors que la patrie déjà agonisait, on va monter sur la frontière, là-bas, dans le désert, alors que les gardiens de la révolution iranienne y étaient déjà amassés, et tous étaient prêts à en découdre comme lors des siècles passés, quand l'émir Alam Khan Ier de Perse et Ahmad Chah Durani, fondateur de la dynastie afghane du même nom, envoyaient leurs soldats au casse-pipes en 1749, avant que le premier soit abandonné par les siens et assassiné, quand les petits émirs des frontières ferraillaient entre eux, s'alliaient, se trahissaient, pour le compte des shahs de Perse ou des rois d'Afghanistan, des Russes ou des Anglais. La montée sur le trône des talibans a brutalement réveillé la rivalité entre la Perse et l'Afghanistan. Une course s'est engagée pour la représentation du modèle de la pureté. Au-delà de l'exemple national, les talibans veulent créer un modèle pour l'*umma*, la communauté musulmane. Dépositaires d'un nouveau rigorisme et d'une interprétation féodale de l'islam, les turbans noirs sont en ce sens aux antipodes de la révolution iranienne. Plus homogènes que l'appareil religieux iranien, ils ont derrière eux l'unanimité du clergé. La révolution iranienne était une utopie et, en ce sens, une vraie révolution. L'ascension des clercs afghans n'est qu'une descente aux enfers, une dégradation du religieux soumis au diktat des obscurantistes. La chimère taliban est une anti-utopie.

Fazel Mohammad lui-même n'en menait pas large lorsque résonnaient si près de son fief les tambours de guerre. Il craignait les bombardements aériens sur son petit ministère qui ne disposait même pas de caves. Ses serviteurs avaient enlevé les bâches des deux Mercedes pour filer au plus vite vers les montagnes en cas de grabuge. D'autres dignitaires parlaient de se réfugier au Pakistan, le pays ami, dont les agents, postés à quelques centaines de mètres du petit ministère, enrageaient contre ces talibans qui commençaient à mettre le feu aux poudres dans toute la région. Il fallait les calmer, ces protégés d'hier ! Mais les protégés d'hier avaient pris de l'assurance, ils n'écoutaient plus les autres, et les mollahs continuaient à s'enflammer, poursuivaient leur harangue dans les mosquées, ils vilipendaient les Persans de plus belle, préparez-vous, frères, à combattre les impies, les chiites hérétiques, ils vont mordre la poussière, ces fils de Satan, vous allez voir, et les ouailles, désœuvrées après la fin de la récolte de l'opium, ruminaient dans les mosquées, les chaumières, les ruelles, tandis que maints Afghans levaient les yeux au ciel, désespérés, comme pour implorer Dieu et lui demander pourquoi de tels énergumènes ont été envoyés sur terre pour châtier un peu plus ce pays déjà frappé de mille malédictions.

Après de longues harangues et des échauffements sur la frontière, des gesticulations de combattants en haillons qui durent faire sourire les pasdaran iraniens, avec leurs chars, leurs camions bourrés de roquettes, leurs réserves de munitions, les mollahs ont fini par se calmer, conscients que la défaite ne saurait tarder en cas de conflit, et les ouailles, peuple de l'opium à la recherche d'un autre opium, rentrèrent docilement dans leurs pénates, confus d'un tel remue-ménage. Un mollah, cependant, estima que la bataille ne pouvait être perdue, parce que les talibans détenaient des prisonniers iraniens dans le ministère de Fazel Mohammad, des chauffeurs routiers et quelques espions parqués dans le salon exigu où le dignitaire me reçoit. Bref, résume ce dernier en ajustant son turban dans un sourire entendu, on a eu chaud, très chaud, souvenir ému qui lui vaut de se resservir un Pepsi-Cola. La guerre sainte assurément a changé de cadre et s'attaque à des contrées un peu moins puissantes, telles que les républiques musulmanes d'Asie centrale et le Cachemire. Tout ce que raconte le mollah au turban beige ne saurait pourtant détourner mon attention de la porte, une petite porte jaune que l'on craint de voir se refermer, comme si le ministère ne parvenait pas à perdre sa vocation de prison.

Hormis la future université qui portera le nom de Mollah Omar le bien-aimé et quelques monuments religieux, ainsi que le tombeau du roi Ahmad Chah Durrâni, il n'y a pas grand-chose à visiter à Kandahar, la ville d'Alexandre, ou du moins l'une des innombrables cités qu'il a semées en chemin. Il y a certes, à l'orée des faubourgs, le trône de Babur, l'empereur mongol, « Sa Majesté qui a l'immensité du Firmament, en qui l'empire a son refuge, qui déploie sa générosité », comme le proclame l'inscription, mais on ne peut pas dire que l'endroit, une grotte au sommet d'un piton rocheux « dont l'élévation approche celle du palais du monde », soit entretenu par les talibans, qui semblent ne pas aimer l'histoire mongole de leur pays et peut-être même le pays lui-même, tant ils détestent évoquer tout ce qui précède leur propre arrivée au pouvoir, acte de naissance d'une autre ère, celle de l'homme nouveau.

Dans les rues de Kandahar, Zahir ne regarde plus les voiles bleutés, ces ombres de silence qui défilent comme une armée de honte, honte de croiser les hommes, honte de s'adresser aux commerçants, tête penchée, honte de fouler les trottoirs avec des chaussures qui ne sont même plus vernies, sait-on jamais, cela pourrait être interprété comme un signe d'ostentation et de plaisir. Dans les rues de Kandahar règne une loi d'obscurantisme, celle des vainqueurs, et Zahir lui aussi parfois baisse les yeux, comme un vaincu, un oublié du désir, un condamné de la passion.

Au temps du Prophète, les poètes du Hedjaz avaient inventé le *ghazal*, les vers sur l'amour courtois, et prônaient l'amour pur, dont l'apologie a accompagné l'islam conquérant. Le désir de chair enrichissait ainsi la communion spirituelle. Dans l'émirat des talibans, l'amour a trouvé une frontière, chassé jusqu'au regard, considéré comme un outrage, et contraire à l'idée de soumission. Le désir est enterré, hormis celui des mollahs, les Schéhérazades sont encagées, les ardeurs sont effacées, l'essence même de la passion amoureuse est bannie. Les turbans noirs ont tué l'amour.

Au siècle dernier, la femme en Afghanistan était déjà considérée par certains mollahs comme une vulgaire marchandise, que l'on pouvait acheter ou échanger. Alexander Burnes, avant de se faire couper en morceaux, eut le temps d'observer tous les manèges autour des femmes, d'autant que l'un de ses amis, le docteur Lord, détailla ces tractations dans des lettres datées de 1838. « Les hommes ici vendent leurs femmes lorsqu'ils sont fatigués d'elles. Cela n'est en aucun cas exceptionnel, mais l'homme est obligé de faire la première offre à sa belle-famille ; et s'ils ne sont pas d'accord sur le prix, il est libre de la vendre à n'importe qui d'autre. » C'est ainsi que sur le chemin, à la nuit tombante, Jandad, une vieille connaissance du docteur Lord, aperçoit deux hommes plongés dans une intense discussion. Ils se querellent à propos du prix d'une femme, et le ton monte, ce qui amène le chef du village à sortir de sa maison de pisé pour tenter de calmer les esprits. Il demande à Jandad de payer la moitié de la somme afin de partager la femme, qu'ils achèteraient en commun, une très belle femme, docile, gracieuse. Jandad n'hésite pas une seconde et sort trente-cinq roupies, la moitié du prix exigé. Le lendemain, le chef du village se rétracte, partager une femme est un peu ennuyeux, cela crée des histoires, tu imagines les embêtements, et ce n'est pas une bonne chose. Jandad, qui craint que l'affaire ne lui échappe, propose que la femme soit propriété de l'un et de l'autre à tour de rôle, un mois chacun. Le chef du village refuse : comment saura-t-on qui est le père de l'enfant à venir, et des suivants ? Jandad abandonne la partie, c'est vrai, c'est compliqué, on ne se figure pas, et revend sa moitié, avec un profit de cinq roupies.

Au-delà de la prospérité, des échoppes bien achalandées, des commerçants qui se frottent les mains avant de plonger dans la béatitude à l'heure de la prière, une heure qui permet, lors des ablutions, de poursuivre les affaires, il règne à Kandahar une atmosphère délétère, comme si la mollarchie taliban s'enfonçait dans l'anarchie, la mollanarchie. Aux portes de la ville, des commandants volent des voitures et tuent si besoin est. Les mollahs qui prononcent de doctes sermons dans les mosquées ne se gênent pas, sitôt l'oraison terminée, pour prélever la dîme sur l'opium. D'obscurs trafiquants hantent les gîtes, marchands d'armes, marchands de rêves, marchands de mort, dans cette ville des rois où se marient les enfers et les paradis artificiels. Baudelaire, qui finit par les détester, avait raison : les drogues engendrent l'autodivinisation.

L'un des lointains prédécesseurs du gouverneur unijambiste Mollah Hassan n'est autre que Pir Mohammad, petit-fils de Tamerlan qui le nomma à Kandahar pour veiller aux marches de son empire avec ses frontières si lointaines, portées jusqu'aux Indes et au Turkestan chinois. Comme Mollah Hassan, Tamerlan était lui aussi infirme, boiteux, avec un bras diminué. Quand il mourut, en 1404, après avoir fait appeler ses épouses et ses conseillers, en murmurant : « Ne criez pas, ne vous plaignez pas, priez seulement Allah pour moi », son petit-fils quitta Kandahar pour rejoindre Samarcande et réclamer le trône. Son rival toisa de haut ce prince venu de trop loin, de cette misérable ville de province et de poussière : « La fortune ne vous favorise pas, sinon vous seriez plus près de la capitale. » Et l'empire perdit son prétendant, et l'empire éclata, et Kandahar demeura une cité de poussière, de telle sorte que l'on se demande encore aujourd'hui si la ville d'Alexandre, celle des rois afghans, n'est pas le tombeau des empires et des royaumes, surtout celui des talibans, si loin de Kaboul, en proie à des luttes intestines, ville se dévorant elle-même comme une hydre gloutonne qui aurait banni le désir pour laisser éclore les fleurs du mal.

Par une sorte de paradoxe de la pureté, Kandahar flirte de plus en plus avec l'hypocrisie : d'un côté, la radicalité, celle des mollahs enflammés ; de l'autre, le négoce des âmes, l'envoi de la poudre blanche vers les routes d'Orient et du Nord, logique des marchands acoquinés avec les docteurs de la foi, féerie de la métamorphose et métamorphose de l'ivresse, curieux mélange qui fait que l'on retrouve difficilement ses billes lorsqu'on erre dans les rues de la ville à la recherche d'un peu de pureté.

En 1858, le gouverneur de Kandahar, Ghulam Haidar Khan, a maille à partir avec les mollahs et les ulémas, les docteurs de la foi, qui lui reprochent ses ménagements à l'égard des Britanniques. « Foutez-moi dehors tous ces ulémas ! » hurle le gouverneur. Et ses hommes de troupe s'en vont dans les rues pour sortir les ulémas de leurs demeures. Mais les hommes pieux ne se laissent pas faire. Ils fomentent un complot, et, lorsque le gouverneur autorise un jeune hindou que les mollahs veulent convertir à fuir la ville secrètement, les mosquées se rebellent et rameutent le peuple. On sort des écoles coraniques un cortège de talibans, des étudiants en théologie, quelques centaines de gueux, et on les rassemble devant le tombeau du saint homme Hazrat Ji près de la porte de Kaboul. Les talibans commencent à s'échauffer, s'emparent de gourdins, de sabres, et foncent sur la ville pour prendre d'assaut la maison du nouveau *qazi*, avant d'entamer le siège de la citadelle. Du haut de ses murailles, le gouverneur contemple le désastre. Il redoute que l'émeute ne s'étende à toute la ville, que la ville ne prenne feu et ne contamine la province, que la province ne se soulève et n'entraîne dans sa chute le royaume. Alors, il s'adresse à la foule rassemblée et s'engage à revenir sur son ordre d'expulsion des ulémas. À la fin du jour, la tension s'est apaisée, et les talibans ont regagné leurs pénates, des paroles de victoire sur les lèvres. Mais le gouverneur se venge. Il mande les ulémas, les prie de l'accompagner à Kaboul et, sur la piste, en fait massacrer un peloton, histoire de montrer qui est vraiment le maître.

Depuis la terrasse de sa citadelle, le gouverneur, en réalité, s'accommode fort bien de ce pouvoir religieux, profondément ancré dans les mœurs de Kandahar. Il manie avec aisance les décrets à la gloire des mollahs et en assassine quelques-uns en douce, de manière à équilibrer un peu tout ça, à tempérer cette ville folle qui ne parle que de fanatisme et de négoce, comme quoi un potentat peut toujours trouver un terrain d'entente entre les deux.

Mais le gouverneur a beau être malicieux et ne pas y aller avec le dos de la cuillère, il perd un peu de terrain. À deux lieues de sa terrasse, un mollah s'agite. Il ne se contente pas d'avoir un millier de fidèles dans son village de Mazra, et trente mille dans toute la contrée, il veut la plus grande pureté au monde. C'est un *pir*, un saint, et on ne peut donc pas le supprimer, ce qui eût été commode. Là, le gouverneur cède et le laisse étendre son royaume des âmes. Il devient si puissant qu'on ne sait plus qui, du gouverneur ou du mollah, est le vrai roi. Aujourd'hui, l'unijambiste qui règne depuis son petit palais de Kandahar ne se pose pas la question : il est à la fois mollah et gouverneur, et les siens ont chassé manu militari tous les gêneurs placés en travers de sa route.

Certains mollahs, au demeurant, sont très conciliants avec la morale, à moins qu'ils n'aient pas le choix. Un mollah-commandant en avait assez de vivre en concubinage avec un de ses mignons, âgé de moins de vingt ans. Il fait dérouler un tapis sur lequel atterrit une kyrielle de plats, hurle que l'on fasse la fête et ordonne à un religieux de le marier sur-le-champ avec son éphèbe, ce que son interlocuteur, dans un premier temps, refuse, puis, en considérant le fusil-mitrailleur pointé sur sa tempe, finit par accepter. On marie le mollah-commandant et son concubin, et l'on fait la fête, on tire quelques balles vers les cieux pour chatouiller les nuages, ces satanées pelotes de coton qui retiennent la pluie, et l'on mange jusqu'à satiété, tandis que le religieux, celui qui a accordé sa bénédiction, se remet de ses émotions devant un riz pilaf. Il ne sait plus trop où se situent le vice et la vertu, et se dit prêt à abandonner tout recours à la lapidation par camion-benne, car à Kandahar, reconnaît-il, il y aurait beaucoup de travail.

J'ai quitté Kandahar à bord d'une voiture flambant neuve pour prendre la route du Nord, escorté par deux jeeps bourrées de talibans, garde attribuée par le gouverneur unijambiste dans un élan de malignité et, ce qui est plus embêtant, dans un instant de lucidité. Au premier check-point, l'un des talibans, un commandant d'une vingtaine d'années, se montre très nerveux, sans que je puisse connaître l'origine de cette tension. Peut-être a-t-il mal dormi, à moins que ce ne soit la longueur du trajet, quelques heures de route à travers le désert pour bifurquer ensuite vers le nord, par une piste qui mène au pied des montagnes du Hazaradjat. Le commandant nerveux est pratiquement imberbe, mais il en impose avec un débit de paroles assez élevé. À chaque bosse sur la route, son pick-up menace de perdre l'un des soldats assis à l'arrière, d'autant plus qu'il est vivement recommandé pour un taliban de tenir d'abord son turban, avant même le banc du véhicule, la perte du couvre-chef étant une affaire plus honteuse qu'une simple chute à quarante kilomètres à l'heure, dût-elle entraîner de multiples contusions, voire une fracture du crâne. Heureusement, ou malheureusement, les talibans qui m'escortent ne souffrent pas encore de fracture du crâne, bien que, au fur et à mesure que se déroule le voyage et que monte la nervosité du petit commandant imberbe, je me prends à l'imaginer avec au moins un traumatisme.

La route n'est guère encombrée, hormis quelques camions, et nous filons vers Sangin, le bourg des trafiquants d'opium, le plus grand d'Afghanistan et peut-être aussi du monde, qui ne cesse d'étendre ses ramifications, foi sonnante et trébuchante qui se révèle plus convaincante que tous les sermons des mollahs d'Afghanistan et qui éclaire la sentence de Cocteau : « Patience du pavot. Qui a fumé fumera. L'opium sait attendre. » Au bout d'une longue piste poussiéreuse, après que nous avons croisé deux ou trois camionnettes, sans doute « les omnibus du pays de l'opium » que crut apercevoir Jarry, apparaît une bourgade, protégée par un petit château dans lequel stationnent quatre-vingt-cinq talibans. Non seulement ces soldats-théologiens n'entravent en rien le négoce juteux qui sourd des deux cents échoppes, mais en plus ils aident les commerçants, leur donnent un coup de main pour éviter les maraudeurs, refoulent des trafiquants un peu trop armés à leur goût, surtout les Iraniens, ceux qui arrivent en convois pour acheter de la pâte opiacée à la tonne et repartent hilares, en ayant contribué à faire baisser les prix.

Tout cela n'affecte en rien Haji Mir Hajan, négociant en opium de son état, père de trois enfants, et qui vend ses sacs à l'odeur âcre, cent vingt kilos posés sur un tapis sale, au fond d'une cave voûtée et suintante devant laquelle rôdent une trentaine de gens en armes. Le petit commandant imberbe, qui visiblement ne s'est pas fracturé le crâne, a pris de l'assurance ainsi que de la nervosité et repousse dans un accès de colère les badauds, piétons, truands, commerçants, vendeurs d'héroïne, petits chimistes en herbe armés jusqu'aux dents qui se pressent sur le semblant de trottoir. Quand je murmure à l'oreille de Haji Mir Hajan, assis sur sa natte, que les cent vingt kilos d'opium étalés représentent environ cent vingt mille doses d'héroïne vendues dans les rues de Paris ou de New York, c'est-à-dire plusieurs wagons de billets en monnaie afghane et nombre de surdoses, de morts et de vies brisées, il se caresse la barbe, secoue la tête, regarde en direction du trottoir vers la foule armée comme pour me signifier que je ne fais vraiment pas le poids et finit par dire, oui, bien sûr, c'est un peu interdit, mais enfin il faut bien vivre, et la voiture, et l'essence, et la maison, et pourtant je ne prends pas un gros bénéfice, j'ai des frais, au moins le magasin à louer.

Aussi agaçant soit le commandant imberbe, Sangin n'apparaît pas comme un village infernal, quoique porté sur les règlements de comptes, ce qui lui donne, en plus de ses rues terreuses, un air de bourgade de western, notamment au moment de la ruée vers l'or, qui est ici un or vert et nauséabond. Les paysans dans les champs me font des gestes obscènes en guise de bienvenue, une sorte de bras d'honneur assez explicite et non dépourvu d'élégance, bien qu'un peu brutal, qui mériterait de figurer au catalogue des gestes universels. Le shérif de cette bourgade est fort aimable, un peu trop même, et avoue que la prison est vide, d'ailleurs Sangin n'a pas besoin de prison, on ne se fait pas de mal entre trafiquants, ou alors on tue et on n'en parle plus, on peut même payer sa dette de sang en opium brut, et voilà quelques sacs pour la vie de ton frère, et là encore un peu plus, il était vraiment brave. Le shérif, responsable de la milice taliban, est un peu débordé, car il doit lui-même aller cultiver son champ de pavot, la récolte n'est pas finie, il faut faire vite, le soleil va tout me faire cramer.

Dans les rues de Sangin, dont je commence à comprendre pourquoi il est appelé « le village dans lequel les étrangers ne sont pas les bienvenus », je ne sais ce qui est le moins agréable, cette escouade de trafiquants, producteurs, badauds armés, ou la nervosité du petit commandant imberbe, de plus en plus imposant, et qui visiblement, malgré ce que lui dit Zahir, éternel protecteur, aimerait bien me donner quelques coups de cravache, manière de prouver à la fois à ses hommes et aux habitants du charmant village sans prison qu'un chef dans les parages ne peut être que sanguinaire. Ce qui l'agace surtout, c'est que je m'évertue à parler à un trafiquant non pas à l'intérieur de son échoppe mais sur le seuil, dans une palabre qui déclenche des regards ahuris et des rires au sein de la troupe. Le commandant nerveux craint de ne pouvoir maîtriser ses hommes, il redoute que tout cela ne lui échappe et nous ordonne de décamper, ce que nous faisons sans tarder, en nous réfugiant dans la maison de l'administrateur adjoint du district, une belle demeure à moitié enterrée, aux murs bleu et blanc, décorés de fleurs et de grappes de raisins en plastique, où les serviteurs vous présentent un excellent lait caillé. L'administrateur adjoint, le docteur Aminullah, fait un peu de tout, de la médecine, de la plantation de pavot, ce à quoi il semble difficile d'échapper dans les environs, et de la politique, trois activités qu'il marie allègrement. Il a beaucoup d'administrés sous sa coupe, deux cent mille, quelques patients, beaucoup d'acheteurs de son opium, non pour ses qualités médicinales mais pour ses vertus lucratives, dix écoles coraniques, aucune laïque, et des armes à en revendre. L'opium ne lui rapporte pas grand-chose comparé à sa clinique privée, où se pressent tous les notables de la drogue, les grands et petits trafiquants blessés, à tel point que l'on se demande si la devise de la contrée n'est pas « Blessez-vous les uns les autres ». Pour les femmes, c'est plus compliqué, car il faudrait trouver des femmes-médecins afin de les soigner, ce qui est impossible étant donné que les femmes sont interdites de travail, quadrature du cercle qui gêne la moitié des administrés du docteur Aminullah et donc la moitié de la population de son pays, mais qui ne semble aucunement l'affecter. « De toute façon, plaide le praticien pour mâles uniquement, si les femmes sont voilées, c'est pour éviter la prostitution. »

La prostitution, justement, il en est un peu question à Kaboul où certains notables, qui se proclament talibans de la grande Vertu, rendent visite à des filles de petite vertu, en cachette, la nuit, comme si les décrets des turbans noirs se mettaient entre parenthèses à l'heure du couvre-feu pour une somme modique, pratique qui, soit dit en passant, se montre bien ancrée dans la contrée puisqu'au XVIIIe siècle le chevalier de Chardin, dans son *Voyage de Paris à Ispahan*, relatait : « Vous voyez tous les soirs, en vous promenant dans les collèges ou dans les grandes mosquées, des femmes publiques couvertes de leur voile, les unes suivies de leur servante, d'autres seules, entrer dans les petits logements des prêtres et des régents, tantôt chez l'un, tantôt chez l'autre. On ferme la porte aussitôt, jusqu'au lendemain, qu'elles se retirent au point du jour, puis plus tard, sans que personne s'en offense ; et la même chose se voit dans les caravansérails – autrement dit chez les petites gens, chez les marchands étrangers. »

À Sangin aussi, la vertu en prend un sacré coup. Non contents de voir la région prospérer, ce qui a contribué à faire revenir les ouailles dans les mosquées, les mollahs perçoivent également une dîme sur la récolte, dix pour cent, taxe destinée au départ à aider les hommes pieux qui végètent dans la pauvreté. À ces dix pour cent s'ajoutent quelques gabelles supplémentaires, des aumônes dont les paysans, négociants et trafiquants se sentent obligés de s'acquitter, au risque sinon d'avoir des ennuis, et quand l'ordre du chef suprême, le mollah borgne de Kandahar, d'éradiquer le tiers des récoltes a atteint Sangin, maints trafiquants lui ont ri au nez, ainsi que l'explique Abdul Ali, qui a trente-cinq ans, sept enfants plus les cousins, les frères, et la suite, ainsi qu'un magasin bourré de sacs d'opium, et songe à vivre d'autre chose que de l'or vert, parce que tout cela est fatigant, les combines, les mollahs qui prélèvent beaucoup, les trafiquants trop armés, les talibans qui se servent eux aussi, etc., comme s'il donnait raison à Henri Michaux, revenu de tout : « Les drogues nous ennuient avec leur paradis. » Je passerais bien davantage de temps avec le docteur Aminullah dans son antre magique et troglodyte, avec ses fleurs et grappes de raisin en plastique, mais, dehors, le petit chef imberbe et décidément nerveux a rappliqué, et sa nervosité ne s'est pas arrangée, au contraire. Il n'ose pas rentrer dans la maison mais me fait comprendre que j'ai tout intérêt à quitter les lieux sur-le-champ, qu'il a des hommes, des armes, des pick-up et d'autres atouts indispensables pour le maintien de l'ordre dans le coin, bref, je suis contraint d'abandonner le docteur pour mâles uniquement, la fraîcheur de sa demeure et son excellent lait caillé afin de reprendre la piste et fuir Sangin, la ville sans geôle dont les échoppes inondent le monde de ses prisons artificielles, là-bas, au-delà de la barrière du désert.

À Kandahar, on peut trouver de tout, des armes, des jeeps importées des émirats du Golfe, de la viande de chameau, de l'opium en quantité et même un baron anti-drogue. J'étais curieux de rencontrer cet homme au visage en partie brûlé, officiellement ministre de la Lutte contre l'opium, vêtu de noir des pieds à la tête, et qui devait être un champion hors catégorie en acrobaties verbales, circonlocutions et argumentaires conformes à l'islam.

L'homme, qui trône dans une petite maison au bord d'une avenue calme, à peine gardée, est un personnage un peu lent, légèrement bouffi, et paraît soit dépassé par les événements, soit peu conscient de la déferlante de drogues qui parviennent des quatre coins du pays. Mollah Abdul Hameed Akhunzada, qui est entouré de quelques très jeunes conseillers et d'un ancien professeur d'anglais, ne sourit jamais et ne manque cependant pas d'humour lorsqu'il déclare, après quelques considérations, que tout ça est de la faute des Occidentaux et que, si le monde extérieur le voulait bien, on pourrait éradiquer en moins de deux tous ces champs sataniques, nous, on ne le peut pas, pas assez d'argent, vous comprenez, l'Afghanistan est un émirat très pauvre. Quelques jours plus tard, le même baron anti-drogue me convie à une petite séance de crémation sur un haut plateau désertique, au pied d'une montagne noire, avec une kyrielle de conseillers qui déploient des banderoles proclamant « Non aux drogues ». Six cent cinquante kilos de haschich, enfermés dans des sacs en plastique bleu sur lesquels on peut lire « engrais », partent en volutes après qu'un homme du baron anti-drogue les eut aspergés d'essence. Amin, un taliban de vingt-trois ans aux cheveux longs et aux muscles noueux, rencontré deux jours plus tôt et qui passe par là, semble déçu par cette immense fumée sombre s'élevant vers la montagne noire. Un peu désespéré par cet autodafé, il se place sous le vent, se penche vers les grandes volutes tourbillonnantes comme une caravane de djinns, les danseurs du désert, hume l'atmosphère et, alors que le professeur d'anglais se lance dans un sermon contre les vrais narcotrafiquants, les banquiers américains, caribéens, monégasques, japonais, remarques que je note fébrilement sur mon carnet, histoire de ne pas finir sur le bûcher, Amin déclare que tout cela est du gâchis, et surtout de la belle hypocrisie, et que ces *munafaqeen*, ces fourbes de mollahs, s'en mettent plein les poches, et ils ne se privent pas, regarde-les, ils sont bien gras, ils se nourrissent sur le dos des paysans et affirment ensuite leur faire la guerre. Sentiment qu'éprouve aussi Ali le Bègue, un homme corpulent de Kandahar qui a eu la sagesse d'envoyer ses enfants à l'école au Pakistan, surtout pour éduquer ses filles, et que je revois, le soir, dans un petit restaurant, penché sur un plat de riz, le visage légèrement pâli par les lumières au néon vert. Il est en verve malgré son bégaiement et ne se gêne pas pour critiquer les maîtres de l'endroit, lui qui les approuva lors de la grande offensive quelques années plus tôt.

— Les femmes... c'est... c'est... c'est... la vie !

Et, comme on lui donne aussitôt raison, Ali le Bègue perd brusquement son bégaiement, se bâfre un peu plus de riz frit de ses doigts boudinés, et de ses lèvres huileuses sortent des paroles de révolte, ras le bol de ces hypocrites de mollahs, ils commencent à nous casser les pieds, si on continue à les laisser faire, ils vont nous bouffer tout le pays, et nous avec, les laïcs, ils font ce qu'ils veulent, ils se paient les meilleures voitures, réquisitionnent les plus belles maisons, et il faudrait qu'on les regarde sans rien dire ? Puis il baisse la voix et, entre deux boulettes de riz, murmure : « Les mollahs, ce sont tous des polygames, ils n'ont que ça à faire, et ils ont surtout assez d'argent pour s'offrir des femmes. Fainéanter et satisfaire leurs épouses, voilà leur boulot. Le reste, c'est de la foutaise. »

À entendre Ali le Bègue, on se demande si le pays entier n'est pas atteint lui aussi de bégaiement, furieux de ne pouvoir parler, lobotomisé, émasculé, privé d'amour et d'affect, plongé dans les interdits et la plus parfaite hypocrisie, et au-dessus duquel les faucons, ceux qui échappent encore à la contrebande, à la chasse, à la capture massive, doivent se dire, en apercevant les scènes ici-bas de leurs yeux perçants, que l'Afghanistan, royaume de la pureté, s'emberlificote dans d'étranges considérations et finalement est tombé bien bas, comme une proie que l'on lâche dans un quelconque ravin pour mieux la fracasser.

La lecture du *Kabul Times* est une entreprise passionnante et éreintante qui exige une certaine gymnastique et un flot de contorsions pour peu que l'on ait sous la main quelques exemplaires des années précédentes. On peut ainsi découvrir des choses étonnantes dans une édition du mois d'avril, vendue mille afghanis, c'est-à-dire dix centimes, mais qu'il s'agit de négocier durement, car le manque de papier ne peut satisfaire les envies de lecture de toutes les bonnes volontés et il en faut pour se farcir les quatre pages de l'organe des talibans. À côté des diverses petites historiettes propagandistes, de la diplomatie taliban en grand progrès, de la place de la femme dans l'islam selon les docteurs de la foi afghane – article qui démontre qu'avant tout cette feuille de chou est, si l'on peut dire, un organe très viril –, de l'économie taliban en immense développement, de l'éducation taliban en chantier, on peut ainsi apprendre, en dehors du fait qu'une équipe d'ingénieurs chinois est parvenue à Kaboul afin de mettre en place un nouveau système de téléphone, que « la guerre contre la drogue continue en Afghanistan », un titre proche du truisme que l'on pourrait compléter par « ... et n'est pas près de s'arrêter », et que des quantités importantes de haschich et d'opium se sont envolées en fumée. Le baron anti-drogue affirme à la page 3 du journal que des laboratoires d'héroïne ont été détruits, trente-quatre en tout, et que divers composants destinés à fabriquer la poudre blanche ont été saisis par ses hommes, lesquels n'ont pas chômé puisqu'ils ont distribué mille cinq cents prospectus contre les stupéfiants à Kaboul, opération menée sans doute, ce que ne précise pas le

Kabul Times, avec l'aide de fonctionnaires talibans payés par les revenus de l'opium embarqués à bord de jeeps payées par les mêmes royalties, avant qu'ils regagnent leurs pénates, des bâtiments relativement cossus acquis selon le même principe. L'opium « subtil et puissant » de Thomas De Quincey se révèle en Afghanistan très subtil et très puissant. Et l'article à la gloire du mollah antidrogue en profite pour vilipender les agents des Nations unies qui s'occupent un peu trop de l'Afghanistan et pas assez des consommateurs. Le journal a cependant le mérite de reconnaître, contrairement aux sermons de nombreux ministres-mollahs, que l'opium et toutes sortes d'intoxications sont prohibés par l'islam, avant de conclure par une habile pirouette que l'Afghanistan est devenu une victime de la drogue.

On trouve aussi dans les colonnes du *Kabul Times* des articles pour l'édification des masses, dont l'un porte sur la révolution communiste de 1979 censée apporter « un Abri, des Vêtements et du Pain pour tous », et qui n'a engendré que « Balles, Linceuls et Cimetière » pour les Afghans, résultat que l'on pourrait également appliquer au régime des talibans.

Les censeurs du *Kabul Times* s'endorment quelquefois sur la copie et, par oubli ou fatigue, à moins que ce ne soit par une intention malicieuse, laissent passer une brève à la gloire des réformateurs en Iran, qui voient l'un des leurs, le journaliste Latif Safari, être embastillé, une sanction que pourrait justement connaître l'auteur de la brève pour s'être égaré dans les méandres de la censure.

Lorsque l'on compare les éditions d'aujourd'hui du *Kabul Times* avec celles d'il y a vingt ans, grâce à de vieilles copies reçues d'Australie, on se rend compte que les choses n'ont guère changé, hormis le prix multiplié par deux cents, à la condition que le lecteur remplace les mots « communisme » par « islam » et « camarade » par « croyant », ce qu'un fidèle bien entraîné du *Kabul Times*, habitué aux contorsions idéologico-religieuses des uns et des autres, effectuera avec aisance, apprenant notamment que la victoire des talibans s'apparente, au fond, à une révolution, avec son cortège de mensonges, de manipulations, de trafics divers, tout cela sur le dos du peuple, contraint de revivre toutes ces exactions dans le contenu de son journal préféré, qui se vend, ma foi, beaucoup moins bien que les bulbes de pavot encore emplis de substances opiacées dans les brouettes de Kaboul, emballés quelquefois dans le même papier journal, ce qui tend à prouver que l'opium du peuple n'est pas celui que l'on croit.

À voir ce parfum délétère qui envahit Kaboul, le visiteur pourrait se croire dans un conte des *Mille et Une Nuits*, avec ses djinns malfaisants et autres éfrits, ses intrigues et ses crimes, sans retrouver toutefois la sagacité de Schéhérazade, qui clame aux deux rois sources de son plaisir que, « lorsqu'une femme d'entre nous désire quelque chose, rien ne saurait la vaincre », ce qui entraîna Naguib Mahfouz à écrire une version moderne des *Mille et Une Nuits*, d'où il ressort que la femme personnifiée en Schéhérazade est l'avenir de l'humanité, la complice de tous les possibles, celle qui voit au loin et augure de l'espoir. À vrai dire, *Les Mille et Une Nuits* sont bannies par les talibans, la censure n'admettant pas que l'intelligence féminine parvienne à se déployer et à révéler le rachat par le conte et la parole, pouvoir aussi dangereux que les scènes de nudité et de copulation, bigamie, polygamie, polyandrie, nymphomanie, travestissement, exhibitionnisme, homosexualité, dévoilées dans ces pages de volupté et de séduction poétique, ennemies des bigots et des clercs, pages qui firent rougir ses traducteurs, y compris le premier, Antoine Galland, orientaliste du temps de Louis XIV, dont la traduction suggéra à Borges qu'elle était d'une « scandaleuse décence ». Goethe, lui, estimait que « le caractère des *Mille et Une Nuits* est de n'avoir aucun but moral et, par suite, de ne pas ramener l'homme sur lui-même, mais de le transporter par-delà le cercle du moi dans le domaine de la liberté absolue ». En fait, les faux puritains d'Afghanistan semblent surtout inquiets de ce mélange de réalisme et d'idéalisme, le premier permettant d'envisager toutes les utopies, un monde dur où rien n'est jamais acquis, ni la fortune, ni la puissance, ni l'amour, dans une harmonie qui montra que l'islam conquérant sut marier la sensualité et la vie, alors que les turbans noirs désirent exactement le contraire, enlever la part d'érotisme dans l'esprit de l'homme et débarrasser l'islam de tout rapport au désir et au sentiment. Et ce qui doit les inquiéter encore plus dans *Les Mille et Une Nuits*, c'est le rêve du mendiant qui s'endort et a l'illusion de se réveiller dans le palais du calife, rêve infâme pour les talibans, car comment pourrait-on se réveiller dans l'enceinte du sérail, clamer sa part du trône, comment contrôler les âmes, comment pénétrer les esprits, même si pleuvent les interdits telle une mousson d'apocalypse, avec le bannissement du chant, de la danse, musique, jeux de cartes, plaisirs divers, et aussi le regard, à croire que même le miroir, sorte d'appareil photographique primitif, est sacrilège, et jusqu'au corps condamné à la réclusion mentale, comment réglementer tous ces petits et grands travers humains lorsque l'on ne parvient pas soi-même à maîtriser sa pureté, laquelle pureté se mue en hypocrisie et en goût pour toutes les combines, de telle sorte que la vertu devient instrument du vice et que le ministère chargé de la question pourrait bien inverser ses termes et s'appeler ministère de la Promotion du vice et de la Répression de la vertu.

Affairé dans son hôtel à nettoyer l'estrade qui sert de lieu commun pour tout et tous, lire, manger, boire, parler, palabrer, prier, éructer, roter, divaguer, si tant est que le songe soit encore toléré en Afghanistan, ce cimetière des rêves, Wali, peintre censuré qui ne se remet pas de l'interdit, Wali au visage fin et aux gestes précis qui maudit les turbans noirs, ceux qui ne veulent plus de beauté, plus d'esthétique, plus d'art, Wali qui regarde la fresque qu'il a dessinée au mur, et de laquelle les représentations humaines ont été gommées une à une, Wali qui, à vingt-six ans, s'évertue à peindre des natures mortes, mais le cœur n'y est plus, le talent s'est enfui, noyé dans la censure, Wali qui se penche de la terrasse, ouvrant sur un carrefour de Kandahar, et désigne ce qu'il aurait pu croquer sous le pinceau, les commerçants, les nomades qui traversent le capharnaüm comme dans une chimère de tentations, les femmes légères et inquiètes, les passants enturbannés qu'il soupçonne de ne plus aimer les talibans, marée de couvre-chefs, blancs et noirs, damier de l'infortune afghane, drame de la conquête, mort de l'islam sous le joug de moines-soldats qui n'y connaissent rien en religion, ordre mollarchique qui se dilue dans les vapeurs opiacées, la fuite en avant et l'odeur de l'argent, Wali qui tremble lorsqu'il voit passer une jeep à gyrophare, celle d'un quelconque cacique pansu qui s'en va porter la bonne parole dans un village, la bonne parole du maître borgne, Wali qui vilipende les hypocrites, ceux qui blessent le pays, qui s'enfoncent dans la bêtise, Wali qui rêve d'un pays lointain, d'un autre monde où les peintres seraient rois et pourraient dessiner la vie, donc l'espoir, Wali qui s'évertue en cachette à garder le goût des formes, l'art de représenter des visages, sans modèle, sans croquis, des visages qu'il imagine, qu'il voit dans ses nuits, des visages de femmes, belles, dont le sourire suffirait à détrôner tous les potentats, à briser toutes les chaînes, à fracasser toutes les murailles, Wali qui parle cinq langues et qui aimerait surtout laisser son pinceau s'épancher, Wali au talent amputé, comme si on lui avait arraché la main, pareil à Cendrars au retour des tranchées champenoises en 1915, Wali un peu abruti par la censure qui continue de le frapper, quelle bande d'imbéciles, maugrée-t-il, comment peut-on être taliban ? et qui retourne au comptoir de son hôtel de quatorze chambres à quinze francs la nuit, une nuit verte, comme la couleur des murs, celle des néons, celle du thé et des théières, celle des riches champs de pavot, celle de la fée opium d'Alfred Jarry qui remplit les poches des mollahs-censeurs.

Le retour vers Kaboul n'est pas forcément joyeux, Zahir craignant les foudres de quelque cacique taliban s'il venait à apprendre qu'il s'est promené dans les champs de pavot. À Maïdanshah, il y a une tchaïkhana qui permet d'oublier tous ces tracas, avec sa terrasse qui donne sur la piste et qui permet de voir les montagnes, précisément celles où sont encore chassés les faucons, ces rapaces que je ne trouve pas, et c'est peut-être mieux ainsi, car nul doute que les talibans eux aussi chercheraient à s'en emparer, comme pour mieux posséder les vertus du volatile, tel le dieu Horus à tête de faucon pèlerin ou Zeus qui, métamorphosé en rapace, enleva Ganymède, fils du roi de Troie, pour le transformer en serviteur des dieux.

Or, pendant que je discute sur la terrasse de la maison de thé avec un médecin afghan qui rentre dans ses pénates à une journée de route, Zahir se fait justement attraper la main dans le sac par une escouade de dignitaires talibans alors qu'il est en train de lorgner une femme dans la rue principale. Eh bien, Zahir, on n'observe pas les règles ? dit, mi-figue mi-raisin, un vice-ministre en turban blanc. Pas de chance, on t'a suivi sur la piste depuis trois heures, et on attendait la première occasion pour boire le thé avec toi. Et Zahir, confus d'une telle coïncidence, jure qu'on ne l'y reprendra plus, et d'ailleurs il ne regardait que les montagnes, là, juste au-dessus de la tête de la femme, laquelle n'est pas restée très longtemps dans la rue, et cela est une vérité en cours dans quasiment tout le pays, les femmes glissent, elles ne restent pas, vérité que les dignitaires talibans sont obligés de reconnaître, au risque sinon de perdre la face. Zahir s'en tire avec quelques réprimandes et une promesse de rendre visite au vice-ministre, lequel a l'air particulièrement heureux face à ses hommes de prouver ses talents de moralisateur.

À Kaboul, je dois retrouver l'ineffable préposé à la presse, le gros sourcilleux qui trône dans un canapé éculé devant une table basse et qui aime jouer les chefs, preuve de sa puissance, et de sa faiblesse. Il n'est pas très content, et même très mécontent, car nous avons violé les règles de l'hospitalité, pas la peine de me sortir autre chose, je sais à peu près où vous êtes allés, même Radio Shariat, notre excellente radio, a parlé de votre escapade, une fâcheuse escapade, à Bamiyan. Le gros sourcilleux qui lance des ordres brefs menace de m'expulser, et il faut sortir quelques noms de dignitaires, notables, commandants, leur accumulation commençant à le calmer dans ses ardeurs, par peur sans doute de froisser l'un d'eux s'il venait à savoir qu'on malmène leur hôte. Le gros sourcilleux consent à me laisser quitter sa sombre officine, sans trop traîner cependant en Afghanistan, on ne sait jamais, les mauvaises rencontres quelquefois, et je crains qu'il ne se venge sur le chauffeur Fereydoun, lequel n'a plus très envie de se marier et ne redoute plus de malmener sa jeep, qui n'est désormais qu'un tas de ferraille avec des boulons dévissés et des durites pendantes, mais qui n'apprécie pas franchement l'odeur de la geôle des talibans, dans le bâtiment de la police religieuse que l'on aperçoit à quelques jets de pierre.

Dans son élan de bonté, le gros sourcilleux nous souhaite bonne route, elle est longue, ne vous arrêtez pas trop en chemin, conseil inutile car la route justifie des escales à chaque col et chaque vallée, loin de Kaboul, le pandémonium de la pauvreté.

Nous ne recommandons pas vraiment la halte du col de Sarobi, à deux mille mètres d'altitude, bourg tenu par les anciens islamistes, d'avant les talibans, et aujourd'hui par quelques commandants nerveux. Par contre, il convient de s'arrêter à Djalalabad, la dernière grande ville avant la frontière, que nous atteignons avec Zahir à la nuit tombante. Hormis quelques ruines alentour, le monument le plus intéressant à visiter à Djalalabad est sans conteste la petite poste centrale, une pièce de dix mètres carrés où s'entassent les candidats à l'appel téléphonique vers l'étranger, exercice qui requiert une certaine dose de patience et une certaine souplesse du regard lorsque surgissent les femmes, afin que l'on n'accuse pas le client de laisser traîner ses yeux sur quelque rondeur, même bien cachée. Et là, après quelques heures d'attente, de palabre, d'énervement, le visiteur peut s'apercevoir que dans la file s'étalant jusque dans la cour se sont glissés d'autres étrangers, principalement arabes, qui pour la plupart ne parlent pas un traître mot de pachto ou de persan, mais évoquent en revanche en arabe et en anglais le djihad, la grande guerre sainte, celle qu'ils veulent mener non en Afghanistan, mais en Asie centrale, en Inde, en Russie, et jusqu'au Maroc par un acrobatique arc de cercle. Tous refusent de décliner leur identité, mais il ne fait guère de doute que je m'adresse aux fidèles de l'islamiste saoudien Oussama Ben Laden, caché dans les montagnes afghanes, et il suffit de se pencher avec discrétion sur le cahier du préposé au téléphone, un taliban de vingt ans, pour connaître la destination de leurs appels, Algérie, Tunisie, Égypte, Turquie, Koweït. L'un parle souvent d'un mystérieux *harakat*, « mouvement », tandis qu'Ahmet, citoyen turc grassouillet et volubile qui attend son appel pour Istanbul, jure qu'il est prêt à mourir tout de suite pour la sainte cause, et qu'avec cinq passeports, le gros pécule qu'on lui a confié et un bon entraînement, il se sent capable de faire sauter, cette fois-ci pour de bon, le World Trade Center à New York, la tour Eiffel et autres ouvrages symboliques de l'impiété, paroles suscitant la gêne de mon voisin de gauche, un étudiant chaleureux de dix-neuf ans, lequel me souffle à l'oreille que tous ces fanfarons ont été engendrés par les Occidentaux et les talibans, et que de cet enfantement entre l'est et l'ouest, points cardinaux qui finissent au moins par se rencontrer en la personne de ces prétoriens, l'Afghanistan mais aussi le reste du monde se seraient bien passés.

Dans la haute vallée de Dar-e-Nour, qui signifie la Maison de la Lumière, bordée de murailles naturelles et jalonnée de gorges étroites, on croise des paysans, des combattants et des cultivateurs de pavot, trois catégories qui forment en fait la même et qui présentent la particularité d'être exposées au feu de l'ennemi, celui qui tient les hauteurs, retranché dans des petits fortins ancestraux. À Dar-e-Nour, somme de forteresses qui évoquent la citadelle d'Alamut, en Perse, au XIIe siècle, depuis laquelle Hassan al-Sabbah, le Vieux de la Montagne, lança ses fantassins aux quatre points cardinaux et jusqu'au Caire, ivres de haschich, avec des promesses de paradis qui stupéfièrent Marco Polo, à la recherche des *hashishin*, fantassins qui inventèrent l'assassinat politique, les villages sont posés sur des versants escarpés et leurs places sont traversées par des ruisseaux. Dans le hameau de Shaghalman, il y a une placette sous un arbre touffu qui se penche vers un vallon profond et sur le tapis de laquelle prie Samad, un blondinet de vingt ans et des poussières aux yeux bleus qui pourrait ressembler à un Russe égaré dans les montagnes, ancien étudiant à la faculté d'ingénieurs de Djalalabad et qui s'est estimé contraint de retourner aux champs de ses parents pour cultiver le pavot et en extraire l'opium, activités bien plus lucratives qu'un emploi d'ingénieur, la question, d'ailleurs, ne se posant pas puisqu'il n'y a aucun poste d'ingénieur à pourvoir dans les parages. De la placette ombragée, on peut surveiller à la fois les arrivants de l'aval, ceux qui fuient la plaine chaude de Djalalabad pour se réfugier sur ces hauteurs fraîches, les vallons de l'opium, en contrebas d'un chemin qui semble se jeter vers un précipice, et ceux de l'amont, les combattants de Massoud qui stationnent à quelques centaines de mètres. Samad prend le temps de déguster quelques confiseries sous son arbre avant de s'en aller aux champs, ce qui représente une entreprise ardue vu la position de l'ennemi, et Abdul, le taliban qui m'accompagne et qui n'a qu'une envie, rentrer sur Kaboul, réalise brusquement qu'il ne va pas du tout aimer cet endroit. Lorsque Samad nous montre le joyau du village, juste en dessous de la placette, une petite turbine sur laquelle plonge un torrent et qui fournit de l'électricité à plusieurs dizaines de maisons, de quoi alimenter quelques loupiotes, un réfrigérateur et, pour les plus malins, des télévisions clandestines, le taliban Abdul jette des regards furtifs vers le dehors, les fortins tenus par l'ennemi, desquels un feu nourri pourrait surgir d'un moment à l'autre. Mais la journée est calme, tellement calme que l'on entend le chant des oiseaux, ce chant que les talibans n'ont pas encore réussi à interdire, le murmure des tiges de pavot dans la brise, le roucoulement du ruisseau qui caresse les rochers, un calme qui est assuré encore pour plusieurs jours, dit Samad, car, avec la récolte de l'opium qui commence, tu peux être sûr qu'ils ne vont pas se pointer et se mettre à nous attaquer, eux-mêmes cultivent, c'est notre cessez-le-feu, le cessez-le-feu des rois de l'opium, allez, viens, je vais te faire voir ce que c'est que la guerre ! Et nous avançons à tâtons vers la guerre, non celle des talibans contre les anti-talibans, mais celle des producteurs d'opium, qui rassemble les ennemis dans une fraternité provisoire, le temps d'emplir les caves et de négocier le prix de la pâte brune, les affaires sont les affaires, ami étranger, lequel ami étranger finit par tomber dans un kareez, un canal d'irrigation, et, tout mouillé, parvient à susciter un fou rire parmi les écoliers qui collent à nos basques, ce qui prouve que le plongeon habillé dans n'importe quel réceptacle d'eau est le plus sûr moyen de communiquer. Et pendant que l'ami étranger tente de se sécher au soleil et de se frayer un chemin parmi les champs de pavot, entre les deux ennemis, dans ce no man's land de la fortune et de l'infortune, le taliban Abdul enlève, mine de rien, son turban noir, sait-on jamais, le couvre-chef pourrait former une cible facile depuis les fortins. La ligne de front est un paysage de Millet dont les protagonistes se courbent en une communion de nantis. Si « l'opium agrandit ce qui n'a pas de bornes » (Baudelaire), il agrandit aussi la paix.

Paix temporaire que les braves de l'opium brisent quelques semaines plus tard, à la fin de la révolte. À Dar-e-Nour aux vergers odoriférants, où les paysans-combattants ont pu s'acheter une floraison d'armes, les hommes, à l'été, sont tombés comme des mouches.

En approchant de la frontière, le visiteur qui vient de passer plusieurs semaines au royaume des talibans est généralement touché par un sentiment de délivrance, sentiment qui n'est qu'un leurre car il s'éprouve véritablement non pas à l'approche mais lors même du franchissement de la frontière, ce qui veut dire que, tant que l'un de vos pieds reste en Talibanistan, vous demeurez soumis à leur loi, celle de l'Édification du Bien, même si l'usage veut plutôt que ce soit l'Édification du Malheur, du moins celui de la combine, trafics, amour du pavot, négoce d'opium et divers dérivés, matraquage et oppression des femmes et des hommes, ce qui au total représente un nombre appréciable de spécialités. Dans le bourg agité de Torkham, lorsque se profilent déjà les deux tourelles de pierre qui marquent la frontière, la porte du salut, la sortie de ce fief si délirant et si attachant, il s'agit de se méfier de vos plus proches voisins, surtout ceux qui affichent une certaine arrogance, gage soit d'une fortune, soit d'un petit pouvoir confié par le gouverneur, pouvoir qui consiste à traquer le commerçant cossu susceptible de verser une nouvelle dîme, à repérer le camion qui importe des biens illégaux, et à battre les femmes impudiques qui ont pris de mauvaises habitudes de l'autre côté des barbelés, avec des tchadors qui ne les recouvrent pas assez. Je bois tranquillement un thé dans une tchaïkhana où j'ai rejoint Zahir, qui tente désespérément et à la sauvette de dessiner un croquis de l'animation sur la route, vendeurs de sodas, femmes qui rajustent leurs voiles, porteurs à brouette, nomades aux pantalons bouffants, lorsque surgit un sbire à cravache qui ne tolère pas un tel abus, même en noir et blanc. Visiblement heureux d'une telle arrestation à moins de trente mètres de la frontière, dans un capharnaüm que les agents talibans ne peuvent contrôler, le sbire à cravache appelle quelque congénère, puis apparaît un mollah à barbichette pointue qui nous réprimande, nous traite de tous les noms et se lance dans un sermon interminable où il est question de morale talibanesque, de grande vertu, de leçons à donner aux outrecuidants, autant de paroles de bienvenue qui attirent la foule, aussitôt dispersée par une nuée de gardes. Zahir, qui veut quitter l'Afghanistan afin de prendre l'air dans les montagnes pakistanaises, loin de ce remue-ménage, parce que pour lui, comme dans *Le Chant des partisans*, ces frontières sont des prisons, Zahir ne se démonte pas et fixe le mollah dans les yeux en lui annonçant qu'il ne peut toucher un seul cheveu de l'hôte des talibans et que, si cela se produisait, notre homme aurait des ennuis, ce qui signifie en clair qu'il risque un séjour sur la ligne de front, poste nettement moins intéressant, à durée de vie plutôt courte et aux gains minimes. Plus impérieux que jamais, le mollah, qui ne veut pas perdre la face, nous emmène au poste, une petite villa d'une pièce aux murs jaunes sur lesquels sont punaisées quelques affiches de propagande et une carte représentant les quatre pays jugés ennemis par les talibans, les États-Unis, la Grande-Bretagne, la France et Israël, et où plusieurs talibans sont conviés à s'asseoir pour statuer sur notre sort, punition ou pas punition, peut-être qu'un petit châtiment suffirait, allez, un peu de prison, face à Zahir particulièrement volubile, en proie à une mue prémigratoire comme les faucons pèlerins, une ivresse de la métamorphose, telle l'héroïne de Zweig, qui parvient à négocier tout en sirotant, mine de rien, son thé, le temps de reprendre son souffle. Après un long conciliabule durant lequel un jeune taliban au crâne rasé qui dévoile ses chicots d'un rictus, à moitié allongé sur un sommier, s'amuse à en faire grincer les ressorts, les dignitaires de la villa, agents des services secrets, policiers du Vice et de la Vertu, experts en contrebande, trafiquants d'armes, en concluent qu'il vaut mieux nous expulser, vers là-bas, la frontière, à trente mètres, que c'est une décision fâcheuse pour nous et qu'il faudra faire attention la prochaine fois, s'il y a une prochaine fois.

Je jette un dernier regard au mollah à barbichette, l'ultime taliban aperçu en Afghanistan à l'exception de Zahir, et je me demande si la cravache en forme de batte de base-ball qu'il balance au bout de sa main n'est pas d'abord destinée à lui-même, tant est forte la propension des turbans noirs à s'enfoncer dans l'autopunition, l'anarchie des profondeurs, suivant en cela l'écrivain algérien Kateb Yacine qui voit dans l'islam le pire ennemi de lui-même, à cause précisément des théologiens fanatiques, autopunition que l'on peut éclairer à la lumière de Freud, lequel estimait, dans *Malaise dans la civilisation*, que l'homme, en butte aux pulsions archaïques, trouve en l'instinct de mort une arme pour retourner son agressivité contre lui-même. Dans *Le Colloque des oiseaux*, conte ancestral relaté à Herat, et sans doute issu du poème allégorique de Farid al-Din Attar, mort en 1221, un oiseau noir symbolise tous les malheurs. « C'est un oiseau lié à l'hiver, raconte le narrateur. Quand le rossignol a quitté le jardin de roses et ne chante plus, il se promène dans sa robe noire comme un triste prêcheur et nous dit que toute belle chose sur terre doit périr. Je crains qu'il ne le fasse avec plaisir, comme certains ascètes et théologiens qui ne sont pas touchés par la beauté du printemps mais ne sont heureux que devant le malheur des autres. »

Candidat à la longue migration comme le faucon de l'amour *(Falco amurensis)*, Zahir est impatient de me suivre, en quête de l'âme sœur, d'une Schéhérazade, celle des *Mille et Une Nuits* ou celle d'Abdellatif Laâbi, qui clame : « Je ne cours pas après la vie, je l'empoigne et la suce jusqu'au sang. J'empoigne cette vipère et lui écrase la tête pour en extirper le venin. Et je bouffe le reste tout cru. » Et c'est ainsi que nous nous dirigeons vers la frontière qui ouvre sur toutes les Babylones, au-delà de l'immense panneau qui proclame « Aux croyants, le pays du sacrifice souhaite un accueil chaleureux », la notion de sacrifice prenant brusquement toute sa signification, vers le portail de fer de Torkham, entre deux tourelles de pierre, vers la sortie du royaume des talibans, à l'égard desquels on éprouve une subite envie, celle de les remercier doublement : d'abord, de vous avoir autorisé à pénétrer dans leur pays et, ensuite, de vous avoir permis de le quitter.

En chemin, une petite mosquée avec fontaine posée sur les montagnes ocre de la passe de Khyber, avec une madrasa, une école coranique, blanchie à la chaux. Deux hommes en turban noir s'en extraient et rajustent leur tunique, tandis que des contrebandiers dévalent la pente sur des vélos chinois, deux par deux, l'un accroché à l'autre, avec les cartons d'emballage enroulés autour du cadre, qu'ils vont revendre à Peshawar, là-bas, en contrebas de la piste poussiéreuse, dans l'immensité chaude. Un jour, des jeunes Pakistanais, fils de la bourgeoisie des plaines, s'en sont pris à des talibans arrêtés en route, se sont moqués d'eux et leur ont rasé la barbe, sans que l'on puisse savoir s'il s'agissait d'une plaisanterie de potache, d'une folie du jeudi soir, veille du week-end, ou d'un simple désir de revanche. Quand on regarde la madrasa blanchie à la chaux à côté de la petite mosquée, on se dit qu'au fond, comme sans doute ces maraudeurs qui coupent les barbes des talibans, c'est ici, dans ces écoles de l'exil, que tout a commencé. C'est aussi la leçon du faucon afghan, relatée par le même conte, *Le Colloque des oiseaux* : « Le faucon est le symbole de l'âme exilée dans notre monde. » Quand le faucon est libéré de son capuchon, il fuit ses geôliers et revient sur le bras du roi, demandant pardon pour avoir été ensorcelé si longtemps.

Le port de Karachi fourmille d'embarcations, porte-conteneurs, rouliers, vieux navires de guerre rouillés, remorqueurs, cargos, méthaniers, chalutiers, boutres de retour de la mer d'Oman, et sur certains d'entre eux les contrebandiers s'évertuent à prolonger l'œuvre des talibans, porter les fruits des trafics et les paradis artificiels par-delà les mers. Dans le ciel tournoient des rapaces, buses et vautours.

Lorsqu'il quitta l'Afghanistan et le portail de Torkham au terme de son long périple dans les années 1930, l'écrivain britannique Robert Byron se rendit sur les quais de Karachi, puis monta à bord du paquebot à vapeur *Maloja*, qui le ramena en Angleterre. Sur le pont, lors de la traversée de la mer d'Oman, une passagère, Miss Wills, demanda au compagnon de voyage du Britannique :

— Êtes-vous explorateur ?

— Non, répondit le compagnon, mais je reviens de l'Afghanistan.

— Ah, l'Afghanistan, reprend un autre passager, Mr. Chichester. C'est quelque part en Inde, je crois ?

Aux abords du port de Karachi, coupe-gorge plongé dans la nuit qui s'étend sur des kilomètres et des kilomètres entre mangroves et forêts de grues immobiles qui dressent leurs bras rouillés vers le ciel comme en une dernière offrande, on croise des marins en provenance des mers chaudes, des capitaines un peu fatigués, des négociants clandestins qui tentent de fourguer quelques bouteilles de whisky, des fumeurs d'héroïne et de brown sugar, des maritornes à la voix sonore et aux gestes sans équivoque qui rabattent les clients égarés vers un bordel clandestin, leur planche de salut, des policiers corrompus qui cherchent quelque prochaine dupe, des vendeurs de pacotille qui n'ont pas dix ans et semblent déjà tout connaître des déboires de la vie, des peintres de coques qui dorment sur le ciment, enveloppés dans un tissu tel un linceul, la tête baignant dans les vapeurs de fioul et de térébenthine, des clochards qui regardent les navires chargés de marins, prêts à passer les ancres par les écubiers à l'orée du port, comme des rêveurs d'horizon lointain. Un peu plus loin, sur trois cents mètres de plage, je compte cinq tortues de mer échouées, un chien mort, une chèvre éventrée, un chat décomposé, une seringue sur une carcasse de tortue, à propos de laquelle on se demande si elle n'était pas héroïnomane, et deux paires de chaussures, legs probables d'hommes noyés. On comprend mieux, après avoir déambulé dans les bas-fonds du port, le mot de T. E. Lawrence, qui écrit, le 29 mars 1927 : « Ici, à Karachi, non seulement je me sens vieux, mais je suis vieux. »

Les faucons afghans sont loin, très loin. À la sortie du port de Karachi, après avoir doublé le remorqueur *Sindbad* sur lequel deux marins à casquette bleue s'évertuent à nettoyer le pont, le patron pêcheur Ali, ancien marin sur un cargo allemand, sosie de Popeye à la voix éraillée, qui m'a embarqué sur son boutre repeint à neuf de blanc et de bleu, désigne d'un geste lent une petite île à la falaise fragile, l'île de Manora, au sommet de laquelle s'élevait jadis une forteresse de pisé. Il n'y a plus de faucons, mais une nuée de buses s'abat sur l'île, et l'un des volatiles, alors que je gravis la falaise par des marches taillées dans la roche friable, me confondant peut-être avec une chèvre ou une proie facile, me donne un furieux coup de patte sur le crâne, déjà perturbé par un mois de voyage au pays des talibans et un séjour prolongé au soleil du port de Karachi, acte d'agression manifeste qu'un faucon afghan bien éduqué ne se serait jamais permis.

Achevé d'imprimer sur les presses de

BUSSIÈRE
GROUPE CPI

*à Saint-Amand-Montrond (Cher)
en mai 2002*

POCKET - 12, avenue d'Italie - 75627 Paris Cedex 13
Tél. : 01-44-16-05-00

— N° d'imp. : 22371. —
Dépôt légal : mai 2002.

Imprimé en France